曹操传

CAO CAO

一世珍藏名人名传精品典藏

王仲荦 著

长江文艺出版社
长江出版传媒

图书在版编目（CIP）数据

曹操传 / 王仲荦著. -- 武汉：长江文艺出版社，2025. 3. --（一世珍藏名人名传精品典藏）. -- ISBN 978-7-5702-3772-2

Ⅰ．K827=342

中国国家版本馆 CIP 数据核字第 2024KW1466 号

本书内容经中华书局授权许可使用

曹操传
CAO CAO ZHUAN

责任编辑：张 贝 杨 阳　　　　责任校对：程华清
设计制作：格林图书　　　　　　责任印制：邱 莉 韩 燕

出版：长江出版传媒　长江文艺出版社
地址：武汉市雄楚大街 268 号　　邮编：430070
发行：长江文艺出版社
http://www.cjlap.com
印刷：湖北恒泰印务有限公司

开本：710 毫米×970 毫米　1/16　　印张：11
版次：2025 年 3 月第 1 版　　2025 年 3 月第 1 次印刷
字数：87 千字

定价：52.00 元

版权所有，盗版必究（举报电话：027—87679308　87679310）
（图书出现印装问题，本社负责调换）

出版说明

本书原系著名历史学家王仲荦先生于1956年完稿的作品，并于同年由上海人民出版社出版，书名为《曹操》。《曹操》一书为1949年后国内第一部曹操研究的专著。该书对曹操一生中面临的主要问题进行了细致解读，史料翔实，逻辑严密，为曹操研究提供了一种不同的视角，在当时产生较大反响。

其后上海人民出版社有意再版，王仲荦先生抱病对书中内容进行了修订，然因种种原因未能出版。修订后的书稿与原版后记、1960年续后记一并收录于《蜡华山馆丛稿续编》。《曹操》一书沉寂多年，直到2009年，中华书局将此书更名为《说曹操》重新出版，其内容与收录于《蜡华山馆丛稿续编》的内容基本一致，但未附录1956年、1960年两篇后记。

我社此次出版，将其纳入名人名传套系，并在征得中华书局及王仲荦先生哲嗣王方越先生同意后将书名更改为《曹操传》，书末附原版后记与续后记，以便读者了解此书的成书始末。

希望此书能让读者对历史上的曹操多一分真切的了解！

长江文艺出版社

2025 年 1 月

目 录

第一章 崩溃中的东汉帝国：曹操出生的时代 / 001

    1. 帝国的危机 / 003

    2. 农民的流亡与起义 / 006

    3. 统治集团的内部矛盾 / 010

    4. 宦官集团的覆灭与董卓入京 / 016

    5. 军阀混战 / 018

第二章 争夺兖州的统治权 / 023

    1. 曹操的出身 / 025

    2. 参加西园新军统帅部与退出洛阳 / 029

    3. 起兵陈留与取得兖州的领导权 / 032

    4. 进攻陶谦、残破徐州 / 040

    5. 与吕布争夺兖州统治权 / 042

第三章　统一北方之基础 / 049

　　1. 拉拢强宗豪族 / 052

　　2. 勾结士族 / 056

　　3. 迎汉帝都许 / 061

　　4. 兴置屯田 / 064

第四章　统一北方与天下三分 / 079

　　1. 进攻张绣 / 081

　　2. 取徐州战官渡的战略方针 / 083

　　3. 取徐州、擒吕布 / 087

　　4. 官渡之战 / 092

　　5. 灭袁绍诸子取河北 / 102

　　6. 对三郡乌桓的胜利 / 106

　　7. 进取荆州与赤壁之战 / 114

　　8. 破韩遂、走马超 / 125

　　9. 进取汉中与得而复失 / 129

　　10. 利用孙权消灭关羽 / 134

　　11. 进击乌桓、降服鲜卑 / 137

第五章 "天命在吾，吾为周文王矣"：曹操之死及其在历史上的评价 / 143

    1. 曹操之死 / 145

    2. 曹操生平轶事 / 147

    3. 对曹操的历史评价 / 155

曹操大事年表 / 162

后　记 / 165

续后记 / 167

第一章
崩溃中的东汉帝国：曹操出生的时代

薤露行

惟汉廿二世,所任诚不良。

沐猴而冠带,知小而谋强。

犹豫不敢断,因狩执君王。

白虹为贯日,己亦先受殃。

贼臣持国柄,杀主灭宇京。

荡覆帝基业,宗庙以燔丧。

播越西迁移,号泣而且行。

瞻彼洛城郭,微子为哀伤。

在介绍历史人物曹操之前，我们有把曹操所处的这个变动非常剧烈的历史时期，作一概括性说明的必要。我们在说明中，还须找出那一时期最主要的东西来，才能探讨出问题的本质，从而对曹操一生的事迹，给予恰如其分的评价。

1. 帝国的危机

两汉帝国的主要危机是什么呢？主要是由春秋战国以来，土地可以自由买卖、大土地所有者的土地集中与农民的失去土地、经济的衰颓、流民的大量出现，这些现象来构成的。

春秋以来，生产力进一步发展，农业、手工业分工后，生产能力普遍提高，商品经济获得发展，土地买卖更加盛行。小农经济的不稳固性，必然引起有向高利贷者借款的必要，于是抵押土地、因欠债而转让土地和农民破产流亡等现象，开始增多起来，所谓"秦为无道……强者规田以千数，弱者曾无立锥之居"[1]，"至秦……除井田，民得买卖，富者田连阡陌，贫者无立锥之

---

[1]《汉书·王莽传》。

地"[1],"卖田宅,鬻子孙,以偿责(债)"[2],正是这些现象的最好说明。

在两汉帝国的整个时期,大土地占有者——贵族官僚和商人,他们霸占了任何一个平民有权租入的公有土地。如西汉时,红阳侯王立"使客因南郡太守李尚占垦草田数百顷,颇有民所假少府陂泽,略皆开发"[3]。哀帝时,"诏书罢苑,而以赐(董)贤二千余顷"[4]。此外,大土地占有者又不择手段地夺取农民的土地,如西汉宣帝时,阴子方"暴至巨富,田有七百余顷"[5]。成帝时,张禹"买田至四百顷"[6]。樊重"开广田土三百余顷"[7]。东汉时,济南王刘康有"私田八百顷"[8]。郑泰"有田四百顷"[9]。中常侍侯览"前后请夺人……田百一十八顷"[10]。董卓表陈宦官张让等罪失,亦称"京畿诸郡数百万膏腴美田,皆属让等"[11]。大土地占有者的发展,是在无数小农失去土地的方式下进行的。

---

[1]《汉书·食货志上》引董仲舒语。
[2]《汉书·食货志上》。
[3]《汉书·孙宝传》。
[4]《汉书·王嘉传》。
[5]《后汉书·阴识列传》。
[6]《汉书·张禹传》。
[7]《后汉书·樊宏列传》。
[8]《后汉书·济南安王康传》。
[9]《后汉书·郑泰列传》。
[10]《后汉书·宦者列传·侯览传》。
[11]《三国志·魏志·董卓传》注引《典略》。

两汉的商人资本和高利贷资本，也向农村猖獗进攻，最后集中于地权。造成东汉之末荀悦《除田租论》所谓"今豪民占田，或至数百千顷，富过王侯"、仲长统《昌言·理乱篇》所谓"豪人之室，连栋数百，膏田满野，奴婢千群，徒附万计。船车贾贩，周于四方，废居积贮，满于都城。琦赂宝货，巨室不能容，马牛羊豕，山谷不能受"的景况，社会贫富对立的危机愈发深重。

小生产者——农民和手工业者在货币商品关系之后，在大土地占有者土地集中的过程之中，在两汉帝国政府对外战争的捐税沉重负担之下，迅速地破产了。他们因债务累累而丧失了自己的土地，他们虽是"春耕夏耘，秋获冬藏，伐薪樵，治官府，给徭役；春不得避风尘，夏不得避暑热，秋不得避阴雨，冬不得避寒冻，四时之间，亡（无）日休息。……勤苦如此"[1]，但是还是无法谋生。而且有时还因为有了土地反要肩负整个帝国战争重担和巨额租税，因此，他们甚至主动地抛弃了土地。从西汉武帝以来，一直到东汉帝国最后崩溃为止，农民从农村中被抛掷出来的问题，成为当时社会唯一的最严重的问题。

---

[1] 《汉书·食货志》。

2. 农民的流亡与起义

从战国时期土地可以买卖开始，就出现了流民，如《吕氏春秋·离俗览·高义篇》里所称的"宾萌"，即客民，也就是抛弃自己土地的流民。到了汉代，武帝元封四年（前107）"关东流民二百万口，无名数者四十万"[1]。征和二年（前91）的诏文中，又有因官吏"兴美田以利子弟宾客，……下吏妄赋，百姓流亡"[2]的说法。昭帝始元四年（前83）的诏文中，又有"比岁不登，民匮于食，流庸未尽还"[3][4]之语。宣帝地节三年（前67）诏文中，称"胶东相成，劳来不怠，流民自占八万余口"[5]。"元帝初即位（前48），谷贵民流"[6]。"永光元年（前43），……郎有从东方来者，言民父子相弃"[7]。二年诏文中，亦有"元元大困，流散道路"[8]之说。成帝鸿嘉四年（前17），

---

[1]《汉书·石奋传》。
[2]《汉书·刘屈氂传》。
[3] 师古注："流庸"谓去其本乡而行为人庸作。
[4]《汉书·昭帝纪》。
[5]《汉书·宣帝纪》。
[6]《汉书·杜周传》附《孙缓传》。
[7]《汉书·于定国传》。
[8]《汉书·元帝纪》。

"关东流冗者众，青、幽、冀（山东、河北等地）部尤剧"[1]。故谷永上书称："饥馑仍臻，流散冗食，喂死于道，以百万数。"[2] 鲍宣亦称："民流亡，去城郭，盗贼并起。……贫民菜食不厌，衣又穿空，父子夫妇不能相保。"[3] 哀帝即位初年（前6），在其策免丞相孔光文中，也有"百姓饥馑，父子分散，流离道路以十万数"[4]诸语。到了王莽时代，流民人数更加增多，史称莽始建国三年（11），"内郡愁于征发，民弃城郭，流亡为盗贼，并州、平州尤甚"[5]。莽之末年，"流民入关者，数十万人"[6]。

东汉的流民问题，从来就没有得到解决过。光武帝建武十三年（37），就因"米谷荒贵，民或流散"[7]。章帝建初元年（76）诏称："比年牛多疾疫，垦田减少，谷价颇贵，人以流亡。"[8] 和帝永元五年（93），"遣使者……举实流冗（散），开仓赈禀"。永元六年（94），又诏"流民所过郡国"，加以赈济。永元十二年（100），诏"郡国流民，听入陂池渔采"。同年诏中又称："比年

---

[1]《汉书·成帝纪》。
[2]《汉书·谷永传》。
[3]《汉书·鲍宣传》。
[4]《汉书·孔光传》。
[5]《汉书·王莽传中》。
[6]《汉书·食货志》。
[7]《后汉书·光武帝纪》。
[8]《后汉书·章帝纪》。

不登，百姓虚匮，……黎民流离，困于道路。"[1] 永初二年（108），"时州郡大饥……老弱相弃道路"[2]。永初四年（110），"三辅……人庶流冗"[3]。又"青、冀之人，流亡万数"[4]。顺帝永建六年（131）诏称："连年灾潦，冀部尤甚……百姓……弃业，流亡不绝。"永和四年（139），"太原郡旱，民庶流冗"[5]。到了桓灵二帝时代，东汉帝国已濒于总崩溃的绝境，流民人数更加增多。桓帝永兴元年（153），"百姓饥穷，流冗道路，至有数十万户，冀州尤甚"[6]。灵帝末年，"羌胡大扰，定襄、云中、五原、朔方、上郡等五郡，并流徙分散"[7]，更达到空前的程度。

这些农民，既被抛弃于农村之外，无可抗拒地要沦落到"或耕豪民之田，见税什五"[8]的境遇，要进入一种新的隶属关系，变成"部曲"和"佃客"。但是这种新的隶属关系，又绝不是一朝一夕之所能建立起来的。在西汉末东汉初已经萌芽的一种庄园，如马援在"因留牧畜，宾客多归附者，遂役属数百家"[9]。

---

[1]《后汉书·和帝纪》。
[2]《后汉书·安帝纪》李贤注引《古今注》。
[3]《后汉书·安帝纪》。
[4]《后汉书·虞诩列传》。
[5]《后汉书·顺帝纪》。
[6]《后汉书·桓帝纪》。
[7]《晋书·地理志上》。
[8]《汉书·食货志》。
[9]《后汉书·马援列传》。

及其屯田天水苑川,"请与田户中分"[1]。这种情况在当时还刚在发展。不可能更多吸收被抛掷出来的农民,按照这种新的隶属关系投入生产还是刚刚开始,这就使大批失去土地的农民在社会上流荡。

没了土地而走上流亡道路的农民,他们的处境是极为悲惨的。《后汉书·刘平列传》里就有这样的记载:有一次,东汉帝国政府发遣王望任青州刺史,王望到任后,出外巡察,那几年,"州郡灾旱,百姓穷荒",王望路上见到一群饥民,有五百多人,他们"裸行草食",也就是说,他们赤裸着身体,啃着草根树皮,一路流荡。这种悲惨情况,是不能想象的。因此,东汉自安帝、顺帝时起,农民不断举行起义,愈到帝国的末期,农民起义的声势愈加壮大起来。

东汉安帝(106—125)在位十九年中,大的农民起义一共发生了四次,顺帝(125—144)在位十八年中,大的农民起义一共发生了十次,冲质两帝一共在位不满二年,大的农民起义却发生了七次,桓帝(146—167)在位二十一年中,大的农民起义一共发生了十四次,灵帝(167—189)即位后一直到公元180年,农民起义一共发生了六次。以上还不过是有史可稽的,至于规模较

---
[1]《水经注·河水注》。

小史书失载的农民起义，次数就难以计数，参加起义的人数也愈来愈多。在安帝顺帝时代，起义军不过几千人，到了桓帝灵帝时代，就多达数万人，甚至十余万人了。到了灵帝中平元年（184）以后，便总爆发了全国性的黄巾农民大起义。东汉末，农民起义地区，不仅在中原，西及益州，南至交趾。又从黄巾起义中分裂出无数细流，如黑山起义军、白波起义军等。而青州、徐州黄巾起义军，众过百万，黑山众亦过百万，白波众达数十万，这些规模巨大的起义，终于彻底地摧毁了东汉皇朝，实际上是这股社会力量结束了东汉的统治。

参加起义的基本群众是流民，这从黄巾军起义后当时人杨赐上书朝廷，有"切敕刺史二千石，简别流人，各护归本郡，以孤弱其党，然后诛其渠帅"[1]等语中，可以获得确切的证明。

3. 统治集团的内部矛盾

小生产者——农民与手工业者，是两汉帝国的主要军事力量。他们在汉帝国发展的整个时期里，都起着重要的作用。"士

---

[1]《后汉书·杨震列传》。

卒尽家人子，起田中从军"[1]。当兵的是他们，负担国家捐税的也是他们。现在，他们的经济益趋衰颓了，他们的破产也就给汉帝国的军事威力带来了衰落。由于小生产者经济的衰颓和军事威力的衰落，帝国与其四周部族所进行的战争，也不得不由进攻转为防御，乌桓人与鲜卑人的进攻遂日益频繁起来。至此，东汉帝国对属国的统治已经动摇了。帝国为了挽救它军事上的颓势，不得不用属国羌夷、附塞匈奴，把他们拼拼凑凑，来替帝国作战。结果，却给帝国招致了板楯七姓（即賨人）与南郡蛮等的反抗，以及酿成历史上有名的"羌患"，并给以后两晋时代的"种族大移动"埋伏了导火线。

东汉帝国国内阶级矛盾之日益尖锐和激化，与帝国对属国的统治之动摇，反映在统治集团内部：在中央，士夫与外戚、宦官的斗争激烈展开；在州郡，刺史、太守擅兵的割据条件也逐渐形成。

外戚、宦官是专制主义政权形式下的必然产物，因为唯有在专制主义政权形式之下，皇帝的亲姻才能依缘着裙带关系，掌握国家大政，同时那些受过阉割的宦官们，才有进入宫廷侍候皇帝从而操纵政权的可能。但是当专制主义的全盛时代，这一类人

---

[1]《汉书·冯唐传》。

物，不可能扮演当时政治舞台上的重要角色；只有当统治政权腐化、国内阶级矛盾日益激化之际，即当统治集团上层不但恐惧农民革命运动，而且在统治阶级内部对自己的任何臣属也不敢十分相信的时候，外戚、宦官才成了统治政权里的主要角色。

东汉的外戚，本来都是贵族，窦氏是光武时功臣窦融之后；邓氏是邓禹之后；耿氏是耿况之后；梁氏是梁统之后。他们虽多出身于贵族，但是他们的势力却是随着皇帝的生死而转移的，即当新皇帝即位后，就有新的外戚要取得政权，而旧的外戚由于和新皇帝的关系较为疏远，他们就不得不伴随着旧皇帝的死去而失势。不过旧外戚是不肯甘心的，他们还会留恋权势而做垂死的挣扎。新皇帝长大之后，为了要还政于己，还须运用各方面的力量来铲除他们。可是皇帝生长于深宫之中，要想消灭久秉大政、威势熏灼的旧外戚，没有机会和可能谋之于外廷群臣，这样，势不得不谋之于宫廷中亲近的家奴——宦官。故和帝利用宦官郑众杀窦宪（92）；顺帝利用宦官孙程等十九人杀阎显（125）；桓帝利用宦官单超等五人杀梁冀（159）。梁冀消灭之后，汉帝国的统治大权，也都落到宦官集团的手里去了。

不论是外戚，或是宦官，他们都是剥削人民霸占土地的能手。如外戚梁冀秉政十九年（140—159），他搜括四方物资，"充积藏室"；并封禁洛阳城西土地数十里，作为他的园苑；又强迫良民作债务奴隶,称为"自卖人",有数千口人之多。他失败自杀后,政府没收他的财产,合三十多万万钱,占帝国政府全盛时期全年总收入的四分之一强[1]。这三十多万万,还不包括房屋和土地,绝大部分都是从人民头上强取豪夺来的。

宦官的贪虐横暴,比起外戚来更厉害。如宦官侯览"前后请夺人宅三百八十一所,田百一十八顷,起立第宅十有六区"[2]。"京畿诸郡数百万膏腴美田",皆为宦官张让等所霸占[3]。他们甚至"虏夺良人,妻略妇子"[4]。他们夺占全国大半土地的结果,是使农民失去土地变成赤贫,甚至沦为"自卖人"(债务奴隶),农民起义就是在这样的情况下发展到全国范围的。

汉帝国的巨大规模,要求复杂的官僚机构,士夫这一阶层,便成为官僚机构组成骨干。这些士夫,他们往往先从师受经传,游学全国文化中心洛阳之太学(太学生是士夫官僚的后备军),然后应命征辟,历任中央地方郎吏牧守,以至卿相高位,逐渐形成为世家望族。尽管客观上他们庄园经济的发展,对帝国的统一起一种瓦解的作用,但是他们主观上是主张加强专制主义政权力量的。因为只有强有力的专制主义集权的中央政府,才能限制外

---

[1] 桓谭《新论》:"汉定以来,百姓赋敛,一岁为四十余万万,吏俸用其半,余二十万万,藏于都内为禁财;少府所领园地作务之八十三万,以给宫室供养诸赏赐。"
[2] 《后汉书·宦者列传·侯览传》。
[3] 《三国志·魏志·董卓传》注引《典略》。
[4] 《后汉书·宦者列传·侯览传》。

戚势力的无限发展，才能使他们本阶层前进的路上没有障碍。所以当外戚势力发展的时候，他们是主张"权去外戚，政归国家"[1]。如外戚窦宪势力恶化的时候，士夫涿郡崔骃、汝南袁安与之抗争；外戚耿宝、阎显势力恶化的时候，弘农杨震与之抗争；外戚梁冀势力恶化的时候，汉中李固、犍为张纲与之抗争。到了外戚势力消灭，宦官势力抬头之后，社会危机更是严重，他们和他们的后备军太学生们就投入了反宦官的斗争。由于三万多太学生，其中一部分比较接近下层，因此他们对政治的改良要求，也尚能取得广大人民的支持，以致引起了宦官集团的恐惧，终于酿成了历史上有名的"党锢之祸"。公元166年、169年两次"党祸"的结果，几乎把当时统治阶级内部较能关心民瘼，而主张对农民略有让步以巩固统治权的所谓"清流"——士夫，一网打尽。

两次"党祸"发动以后，一直到公元189年，前后二十三年间，可说是宦官势力的极盛时期。中央各衙门，概由宦官来担任令丞，中官领禁兵，且成为"汉家故事"。宦官的"父子兄弟"，不但"并据州郡"[2] 当刺史太守，甚至有至官三公的。曹操的父亲曹嵩，就是在这一时期以宦官子弟的身份，累官至司隶校尉、

---

[1]《后汉书·李固列传》。
[2]《三国志·魏志·董卓传》注引《典略》。

大司农、大鸿胪、太尉的。

宦官擅政之后,汉帝国政治的腐败更达极点。灵帝时(178),致公开在"西园"卖官,公千万,卿五百万;地方官,郡守二千万,令四百万。曹操父亲曹嵩取得太尉,就是向"西园"缴钱一万万才买到这官位的。

黄巾大起义爆发了,东汉政府为了集中统治集团力量来镇压农民运动,不得不下令解除"党锢"之禁,并起用党人皇甫嵩等镇压农民起义。从士夫阶级的本身利益来说,为了共同对付更可怕的敌人起见,也是非参加政府并组织地主武装来"镇压"农民起义不可。何况他们还想在镇压农民运动的过程中,出任地方州牧刺史郡守,积蓄力量,形成一种割据的势力,以便等待时机,最后一举而扑灭宦官的势力,进而来分裂汉室、一统江山呢?

本来,汉帝国的地方政府是郡县两级制,虽设立刺史,只是一种监察的官吏,而不是行政的官吏,后来才渐渐由监察官变为地方行政官,"州"也由监察区域渐渐变成行政的区域。这样,中央与郡县之间,又多了州牧或刺史一级,地方政府就变成州郡县三级制度了。

这州郡县的三级制度,对魏晋南北朝的政制影响极为巨大,一直到隋朝,才加以厘革,重新恢复为州县或郡县的两级制度。

西汉初期,只有边郡的太守才许统兵,所谓"初置四郡,以

通西域……保边塞,二千石治之,咸以兵马为务"[1],所以程不识、李广"俱以边太守、将军屯"[2]。东汉自安帝顺帝以后,"羌患"遍及内地,农民运动也发展到全国范围。由于军事的延续和扩大,刺史、太守主兵,遂由沿边州郡延至腹地。刺史太守既握有军民财政诸权,地方政府的势力开始重要起来。到了黄巾起义,东汉帝国总崩溃到来,中央权力薄弱,对州郡不能控制,割据局面遂由刺史守相的擅兵而形成。

4. 宦官集团的覆灭与董卓入京

当黄巾大起义爆发时,东汉政府想组织一支新军,来加强拱卫首都的力量,在"西园"成立统帅部,因此这一支新军称为西园八校尉。以宦官蹇硕为上军校尉,连大将军也都得受他指挥,实际上成为全国的最高统帅。这一支新军中,又有"四世三公,门生故吏遍天下"的士夫地主集团核心人物袁绍任中军校尉,也就是副统帅。当时士夫地主集团中特出人物很多,其所以叫袁绍来担任这一角色,是由于袁氏曾和宦官袁赦攀过本家,和宦官集

---

[1]《汉书·地理志下》。
[2]《史记·李将军列传》。

团比较靠拢的缘故。

灵帝死后,外戚何进(少帝舅)任政,袁绍说何进,诛宦官。进杀蹇硕,取得了西园八校尉的指挥权,又想彻底消灭宦官集团,而进姊何太后不答应。进乃召董卓于并州,准备在董卓军队开进洛阳之后,立即解决宦官。宦官段珪等先发制人,杀何进,劫少帝出走。袁绍勒兵反攻,悉诛宦官凡二千余人。

宦官的势力虽彻底消灭,董卓的军队却开进了洛阳。这样,东汉帝国的大权又落进董卓的手里去了。

董卓是西北国防军的首脑,他的军队构成成分,除了汉人以外,还杂有羌胡族的雇佣兵,纪律非常坏。进入洛阳之后,他的兵士"淫略妇女,剽虏资物"。有一次派兵去阳城(河南登封),正是春季祭社的日子,卓军突然把人民包围起来,男子头全数割下,挂在车辕和车轴上,载妇女财物,歌呼回到洛阳,声称击"贼"大胜。

董卓擅政之后,杀何太后,废何太后子少帝,立少帝弟协为皇帝(献帝),自称相国。

董卓拉拢士夫地主的工作也做得非常不好,以致失去了他们的支持。当时袁氏的势力,"门生故吏,遍于天下",消灭宦官时,袁绍又出了大力。可是董卓与袁绍发生了摩擦,逼得袁绍逃出洛阳,投奔河北。卓又尽诛袁氏家属,于是关东(潼关以东)

州郡，纷纷起兵，推袁绍为盟主，共同声讨董卓。

董卓看着洛阳受到关东军威胁，而黄巾余部郭太这时又起义于西河之白波谷（在山西临汾），人数已发展到十多万，有渡河截断董卓后路的可能。于是他匆忙地挟了汉献帝退至西北军的根据地长安。卓入关之后，"又稍诛关中旧族，陷以叛逆"[1]，更弄得统治阶级内部上下离心，人人自危。司徒王允联络董卓部将吕布等共杀卓，并其宗族。卓死后，卓部将李傕、郭汜等，收集残部，攻破长安，杀王允，关中大乱。

5. 军阀混战

西北军与关东军混战的过程中，董卓撤出洛阳时，火烧洛阳三日不绝，"城内扫地殆尽"，洛阳周围数百里内城市村庄，都被烧得精光。卓驱洛阳人口数百万入关中，这数百万人民，在路上，饥饿困顿，积尸满路。

卓退至长安时，长安几百里内，尚有人口数十万。卓死后，卓部将李傕、郭汜攻破长安，接着傕、汜又互相攻击，纵兵掠夺四十余天，长安成为空城。谷一斛，价至五十万文，豆麦一斛，

---

[1]《后汉书·董卓列传》。

价至二十万文。史称："人相食啖，白骨盈积，残骸余肉，臭秽道路。"[1] 关中全境，遭到这次灾难，人民死亡逃散，二三年间，"无复人迹"。

关东州牧守相，起兵讨董卓，军于荥阳，纵兵抄掠人民，人民死伤很多。后来又互相攻击起来，正如《三国志·魏志·文帝纪》注引《典论》自叙中所说："名豪大侠，富室强族，飘扬云会，万里相赴。……山东大者连郡国，中者婴城邑，小者聚阡陌，以还相吞灭。"大抵当时最富庶的地方，也就是战争最激烈的地方，如陈留、颍川两郡，《续汉书·郡国志》：陈留户十七万七千，口八十六万九千；颍川户二十六万三千，口百四十三万六千，都被杀掠一空。颍川郡属县鄢陵（河南鄢陵），旧有民户五六万家，经过战火浩劫之后，只剩下数百民户[2]，古代世界人口集中的黄河流域，成了"千里无人烟"与"白骨蔽平原"的悲惨世界。

随着东汉帝国崩溃而来的，是生产力遭到巨大破坏，生产组织也被破坏无余，这样，就自然地招致了人为的饥荒。"袁绍之在河北，军人仰食桑椹；袁术在江、淮，取给蒲蠃，民人相食，

---

[1]《晋书·食货志》。
[2]《晋书·庾峻传》：庾峻，颍川鄢陵人也。祖乘。魏散骑常侍苏林尝就乘学。见峻，流涕曰："鄢陵，旧五六万户，闻今裁有数百。"

州里萧条"[1]。刘备在广陵，"饥饿困踧，吏士大小自相啖食"[2]。曹操军"乏食，（东阿人程）昱略其本县，供三日粮，颇杂以人脯"[3]。军队有武力可仗，犹乏粮食，一般人民的饥饿死亡，更可想而知了。

人民以锋镝余生，逃走之四方，青徐人民流徙入幽州者，百余万口。关陇人民流徙入荆州者，十余万家；流徙至益州者数万家；流徙至汉中者又数万家。京洛之民流徙东出，至徐州者十余万口；南阳之民，亦多流入益州；荆州之民，又移诣冀州；皖北苏北人民，东渡长江，一次就有十余万户之多。此外如避难辽东或远至交州者，又以成千成万计算。

自公元二世纪中叶以来，中国就已流行一种凶猛的疠疫，至此疫势更加猖獗，人民在兵乱流徙之外，还要受到疠疫可怕的侵袭。"家家有强尸之痛，室室有号泣之哀，或阖门而殪，或举族而丧"[4]，这又增加人民死亡的数字。

大流徙、大死丧的结果，中原户口，十不存一。曹魏景初中（237—239）蒋济上疏称："今虽有十二州，至于民数，不过汉时

---

[1]《三国志·魏志·武帝纪》注引《魏书》。
[2]《三国志·蜀志·先主传》注引《英雄记》。
[3]《三国志·魏志·程昱传》注引《世语》。
[4]《续汉书·五行志》注引魏陈思王说疫气语。

一大郡。"[1] 后汉桓帝永寿二年（156）时，全国有户一千万以上，人口五千万以上。至晋武帝太康元年（280），得户二百四十五万余户，一千六百六十万余口。经过了一百多年，人口反而减少，只剩下三分之一。

人口骤减的原因，自然不能尽归之于战争疾疫的死亡。除了死亡而外，还由于世家豪族经济势力的发展，过去的自耕小农，在战乱与流徙以后，不得不依附于世家豪族，变为"部曲"和"佃客"，以祈求他们对于自己及家族之保护。这种自耕小农一变成依附农民"部曲"、"佃客"之后，也就不再向政府呈报户口，"荫庇"户口日益增多，政府户口自然日益减少，当时的户口统计，只是国家所领有的人口统计，也就是国家的税收簿。分散在世家大族庄园中的依附农民，因对国家无租税关系，所以不在统计之中，因此户口自然露出衰落的现象来了。

东汉帝国瓦解以后，货币也近于废弃。董卓废五铢钱，更铸小钱（190—193），使汉币制系统受到巨大的破坏。史称：由此"货轻而物贵，谷一斛至数十万，自是后钱货不行"[2]。以后到了曹魏统治时期，终于"使百姓以谷帛为市"[3]。当时货币近于废

---

[1]《三国志·魏志·蒋济传》。
[2]《三国志·魏志·董卓传》。
[3]《晋书·食货志》。

弃，固然由于董卓破坏五铢钱系统，但这只能说明其现象，其主要的内在原因，还是由于伴随着东汉帝国灭亡而来的，生产力遭到巨大破坏，农业趋于衰落；手工业由于缺乏销路而减缩；商业停滞，人口减少。自春秋战国以来，从王侯巢穴的基址上发展起来的"城乡不可分离的统一"的城市，至此日益丧失其曾经有过的经济意义。现在农业几乎变为居民的唯一职业了，这样，在荒旷的农村里，出现了更多的坞垒堡壁，这些屯坞自守、筑壁相保的"垒主""乡豪"，不是世家大族，便是地方豪强，同时握有政治权与经济权。农民本身在离乱之中，大量农民更不得不求助于他们，请求他们的保护，这样，庄园的人口，更大量地集中起来。这些被奴役的依附农民，就变成了平时耕种封建主土地、战时为封建主荷戈的"佃客"和"部曲"。在长期混战中，割据之雄，为了要扩张自己的势力，以压倒敌人取得胜利，对这些屯坞自守、筑壁相保、聚族而徙、举宗避难的世家大族地方豪强，也极尽拉拢之能事。正因为他们拥有为数众多的"家兵""部曲"，所以笼络住了他们，无形中就笼络住千军万马。

在东汉帝国废墟上建立起来的魏、蜀、吴三个国家，都是在取得上述这些世家大族、地方豪强的支持之后，才出现的封建地主性政权。

作为历史人物的曹操，他就是处在这样的一个历史时期中。

第二章 争夺兖州的统治权

蒿里行

关东有义士,兴兵讨群凶。

初期会盟津,乃心在咸阳。

军合力不齐,踌躇而雁行。

势利使人争,嗣还自相戕。

淮南弟称号,刻玺于北方。

铠甲生虮虱,万姓以死亡。

白骨露于野,千里无鸡鸣。

生民百遗一,念之断人肠。

1. 曹操的出身

曹操，沛国谯县（安徽亳州）人，字孟德，小名阿瞒。公元155年，即汉桓帝永寿元年，出生于一个属于宦官集团的大官僚家庭。

曹操的祖父曹腾，年轻时，就阉割了入宫廷充当太监。当汉顺帝在做皇太子时代，腾以小太监——"黄门从官"的身份，伺候皇太子读书。后来顺帝登位做皇帝，曹腾也逐渐被重用起来，位至"小黄门""中常侍""大长秋"。质帝死，曹腾说动外戚梁冀迎立桓帝，以功封费亭侯。以后桓帝利用宦官左悺、徐璜等人杀梁冀，宦官的势力更臻入全盛时期。曹腾虽是没有参预诛梁冀的功勋，由于他在宫廷中，前后服侍了四五个皇帝，历三十多年之久，资格较老，并且有迎立桓帝之功，因此地位还是极为重要。

太监经过阉割的手术，在生理上是不可能生儿子的。不过在东汉末期，由于宦官势力已经抬头，所以顺帝在阳嘉四年（135），就下令允许宦官养子袭爵，曹腾就也援引了这一个例子，领了一个儿子来继承自己的爵位。这一个儿子，就是曹操的父亲

曹嵩。有的说，曹嵩是曹腾从本家那儿过继来的儿子；有的说，曹嵩是曹腾从亲戚夏侯氏家里领来的。所以陈寿在他所著的《三国志·魏志·武帝纪》里称曹嵩"莫能审其生出本末"。曹操的政敌袁绍在公开声讨曹操的檄文中也诋毁曹操的父亲曹嵩是"乞丐携养"[1]，诋毁曹操为"赘阉遗丑"了。

自灵帝建宁元年（168），宦官王甫等发动第二次"党锢"之狱起，一直到中平六年（189）灵帝之死止，这二十年中，是宦官集团势力达到顶峰的时期。曹腾子弟也是在这个时候，布满朝列。曹嵩在这期间，由司隶校尉而转为九卿之一的大司农（财政长官）与大鸿胪（藩国长官），最后在中平四年（187）的十一月并出钱一万万文，买到三公之一的太尉之官来做（宦官子弟做到三公的，没有几个）。此外曹氏宗属，做中央州郡大官的，如曹腾的弟弟曹褒，曾做到颍川太守；曹褒的儿子曹炽做到侍中、长水校尉。曹腾的一个侄儿曹鼎，做到尚书令。曹腾的另一个侄儿曹瑜，做到卫将军，封侯。曹腾叔伯兄弟家的一个侄儿，也做到吴郡太守。真是"父子兄弟，并据州郡"。

曹嵩能出钱一万万，买太尉的官来做，可见他家财富之多。曹炽子曹纯，家亦"赡富"，"僮仆人客以百数"[2]。曹鼎弟子曹

---

[1]《三国志·魏志·袁绍传》注引《魏氏春秋》。
[2]《三国志·魏志·曹仁传》注引《英雄记》。

洪，"家资"比曹操家还要多。东汉末年，"家兵"至有千余之多。可见在这宦官集团势力鼎盛时期，曹氏的经济势力也有了很大的发展。

曹操是曹嵩的长子，当他十四岁的时候，正是宦官集团发动第二次党锢之禁，把当时所谓"清流"的士夫及其子弟摒除于统治政权以外的时候，一时造成了宦官的天下。曹操刚满二十岁（174），就受到州郡的推荐，以"孝廉"为"郎"。又由于司马防的推荐做了"洛阳北部尉"。

尉是维持治安的官吏，比县令低一级。洛阳有南北东西四部，每部设尉一人。尉的官品不算高，洛阳又是首都，皇帝脚下，五方杂处，豪贵又多，很不容易治理。可是曹操却干得很出色。

曹操到北部"尉廨"办公之后，就赶造"五色棒十余枚"，悬挂在"尉廨"的大门左右，"有犯禁者，不避豪强，皆棒杀之"[1]。史称：一时"京师敛迹，莫敢犯者"[2] 曹操干得这样出色，大家自然就很称赞他，并保荐他，于是曹操很快从洛阳北部尉升到顿丘（河南清丰西南）令。

升做顿丘令不久，因为曹操堂妹夫宋奇以事被杀，牵累到曹

---

[1]《三国志·魏志·武帝纪》注引《曹瞒传》。
[2] 同上引书。

操，操亦免官。过了二年，又以曹操能明古学，征入中央为议郎。

公元184年，黄巾起义，汉皇朝动员了全国的精锐部队去进行镇压。一军由北中郎将卢植率领，对黄河北部的农民军进行"扫荡"；一军由左中郎将皇甫嵩与右中郎将朱俊率领，对黄河以南的农民军进行扫荡。曹操也被任为骑都尉，令其随皇甫嵩、朱俊一起进攻农民军，他们在黄河以南颍川一带共同诛杀的农民军有数万人之多。

曹操以"扫荡"黄巾军有功，升迁为济南相。济南是王国，东汉时，王能臣民而不能治民，治民由汉中央政府委派的国相来担任，相实际就是太守。

曹操担任济南相后，当时属于济南管辖下十余县"长吏，受取贪饕，依倚贵势"[1]，"赃污狼藉"[2]。曹操奏请中央黜免了贪污官吏十分之八。史称由是"奸宄逃窜，郡界肃然"[3]。

当时济南属有淫祠六百余所，巫祝借此敛财，"民坐贫穷"[4]。曹操下令禁断淫祠，"毁坏祠屋"[5]，根绝了巫祝敛钱增加百姓负担的路子。

曹操在济南相任上这样敢作敢为，自然会遭到当地豪强的忿

---

[1]《三国志·魏志·武帝纪》注引《魏书》。
[2]《三国志·魏志·武帝纪》。
[3] 同上引书。
[4]《三国志·魏志·武帝纪》注引《魏书》。
[5] 同上引书。

疾，同时当朝的权臣贵戚也对曹操这种大刀阔斧的作风感到不高兴。曹操也以"违连诸常侍（宦官）"，"恐致家祸"[1]为由，推病去职。汉政府把他调还洛阳后，还想叫他去做东郡太守，他仍推辞不肯就职，表示希望留在洛阳，于是就被留在洛阳担任议郎了。

议郎参加朝廷论议，无实际事任，是闲官。因此曹操常常推病请假还返乡里，在谯东五十里筑室，"春夏习读书传，秋冬弋猎，以自娱乐"[2]，想暂时摆脱政治生活。

2. 参加西园新军统帅部与退出洛阳

曹操乡居不多时，灵帝为了巩固统治势力，在公元188年的八月，筹组新军——西园八校尉。以小黄门蹇硕为上军校尉，实际就是新军的元帅，副元帅是中军校尉袁绍，曹操也被征为八校尉之一的典军校尉。这时，曹操才三十四岁。

固然曹操的祖父是宦官，父亲曹嵩又以宦官子弟在宦官势力全盛时期做到三公九卿，自己也以这些瓜葛打入西园军去，可是

---

[1]《三国志·魏志·武帝纪》注引《魏武故事》。
[2]《三国志·魏志·武帝纪》注引《魏书》。

曹操看到宦官集团是当时人民痛恨的目标，是一个恶化没落的阶层，是没有远大前途的。曹操，他是不愿意随着这样一个恶化阶层而同归于尽的。曹操要想改变自己的政治路线，必须打入虽是现时在统治政权里还未占优势但正在发展的士夫地主——即后来的世家豪族大地主集团里去。

曹操为了达到这一目的，经过了许多曲折，如在年轻时，就取得了"世名知人"的太尉桥玄的关心和提拔，被称为"命世之才"。并通过桥玄的关系去见当时"名士"中主持"月旦评"的汝南许劭。许劭说他是"治世之能臣，乱世之奸雄"[1]，由此引起当时士夫集团的注意，士夫集团渐渐和他接近起来。

曹操参加西园新军统帅部，担任典军校尉时，和"四世三公，门生故吏遍天下"的袁绍关系又搞得很好。公元189年，灵帝病死，少帝继位，年才十四岁，帝舅何进以大将军参录尚书事秉政。袁绍劝何进杀宦官，并主张把宦官全部杀死。曹操却认为只要惩办几个罪大恶极的魁首——"元恶"就可以。以宦官之孙的曹操，到这时居然也能参加到反宦官集团的核心里去，预闻消灭宦官的密谋秘计。在当时由于宦官专政，造成政治极端黑暗的情况下，曹操以宦官之孙，走的却是反宦官的政治道路，这是有他一定的进步性的。

---

[1] 《三国志·魏志·武帝纪》注引《世语》。

宦官专政刚结束，董卓专政却开始。

董卓进入洛阳以后不久，废少帝，立献帝，成为东汉帝国独裁的魔王。他的军队是羌胡与汉族混合编组成的部队，军队风纪也非常不好，当时人蔡琰的《悲愤诗》里提到董卓军队时称：

汉季失权柄，董卓乱天常。……卓众来东下，金甲耀日光。平土人脆弱，来兵皆胡羌。猎野围城邑，所向悉破亡。斩截无孑遗，尸骸相撑拒。马边悬男头，马后载妇女。[1]

董卓的一切政治措施以及西北军的军纪荡然，表明了董卓的必然失败且他将成为人民的痛恨目标。

曹操是看准董卓要失败的，因此，虽是董卓想把曹操拉进自己的集团里去，并表请政府发遣曹操为骁骑校尉，曹操还是不愿与卓合作，终于继袁绍之后，退出了洛阳。这一次曹操不和董卓合作而出奔，是应该加以肯定的。同时，使曹操的政治态度也更明朗化了起来，有利于曹操以后事业上的进展。

曹操化了姓名，从洛阳逃出，经过成皋（河南荥阳西北），投奔到熟人吕伯奢的家里去宿夜。那一天，伯奢不在家，伯奢的五个儿子出来殷勤招待。曹操怀疑吕家的人要杀害他，到夜里用

[1]《后汉书·列女列传·董祀妻传》。

手剑杀了吕家八人而去。杀了以后，才发觉是误会，他还说："宁我负人，毋人负我。"[1] 也有一说，曹操逃经成皋时，往投故人吕伯奢，吕伯奢的儿子和"宾客"把曹操的马匹衣物都抢了，曹操为了自卫，还杀了几个人。究竟哪一说较可靠，无法可查，现在姑且二说并存，由读者去选择吧。总之，曹操这一次的出奔，曾经历过惊险的场面，所以才会发生如上二种的不同说法。

曹操从成皋到中牟（河南中牟）。那时中牟还是属于董卓的势力范围之内。当曹操过境时，中牟境内的一个亭长，发现曹操形迹很可疑，就把他扣留起来，送往中牟县府。那时县府已经得到董卓通缉曹操的命令，可是都想不到亭长送来的嫌疑犯就是曹操。只有中牟县的功曹心里知道亭长送来的就是曹操，"以世方乱，不宜拘天下雄俊"，就在县令那儿代他说情，把他释放了。

3. 起兵陈留与取得兖州的领导权

陈留（郡治陈留，今河南陈留治）距离洛阳有五百三十里地，在东汉全盛时期，陈留一郡就有十七万多户、八十六万多口，在当时是数一数二的大郡。陈留郡太守张邈，原来和曹操、

---

[1] 《三国志·魏志·武帝纪》注引孙盛《杂记》。

袁绍都是好友。陈留郡时属兖州，当时的兖州刺史刘岱，又是属于士夫集团中反对董卓比较坚决的一个人物。因此在曹操到达陈留之后，就允许曹操在陈留郡己吾县（河南宁陵西南）一带招募军队，以待进讨董卓。

曹氏本来有一部分财产在兖州境内，曹操就把财产拿出来作为训练新军的费用。陈留孝廉卫兹这时也出家财，合兵三千人，与操合作。曹操一共凑得五千人左右。

这时袁绍也已退到河北，董卓还想笼络他，派他做渤海（郡治南皮，今河北南皮东北）太守。袁绍就在河北说动冀州（治邺，今河北临漳西南）牧韩馥，并联络关东州郡，共同声讨董卓。

公元190年正月，黄河北有冀州牧韩馥、渤海太守袁绍、河内（郡治怀，今河南武陟西南）太守王匡；黄河南有兖州刺史刘岱、陈留太守张邈、东郡（治濮阳，今河南濮阳南）太守桥瑁、山阳（治昌邑，今山东金乡西北）太守袁遗、济北（国都卢，今山东济南长清南）相鲍信，同时起兵，人数都有几万。袁绍的弟弟袁术，这时也已占领南阳，响应起兵。这些起兵的牧守中，因为袁绍的资望最高，所以大家推他当盟主，名义上要受他的统一指挥，官吏都得由他来任命。

那时曹操和卫兹合军，人数遂已发展到五千人左右，曹操又

接受了关东军盟主袁绍给他的行奋武将军军号。可是因为曹操没有地盘,在给养诸方面,不得不受陈留太守张邈的接济,因此指挥上也不得不受张邈的节制。

关东军中,只是兖州一州的军队就有十多万人,多在酸枣(河南延津北)一地集中。曹操也随着张邈驻扎在酸枣。

董卓闻关东兵起,一方面迅速促使汉帝国中央政府迁到凉州军的根据地长安;一方面调动大军,自己则留驻洛阳,亲自担任堵击关东军的任务。关东军都是新编成的队伍,论起战斗经验来,远远不及西北军,因此关东军将领谁都不敢再向洛阳推进一步。曹操认为董卓破坏洛阳,"劫迁天子",举国震动,正应该趁这一个有利时机来进行决战,就把自己的军队向成皋前线移动,希望兖州军十多万人在他一支军队的影响之下,也同时向前推进。

当曹操军队向成皋推进,进到荥阳、汴水的时候,与西北军作遭遇战,结果,被杀得大败,士卒死伤甚多,卫兹战死,曹操自己也为流矢所伤。在退却时,曹操的坐马也受重伤,不能再骑,幸亏曹操的堂弟曹洪把自己的坐马让给曹操骑,到晚上,曹洪帮助曹操沿汴水找到一条船,才得逃脱。

曹操经过这次挫折,退回酸枣以后,知道自己的军队损折太多,必须整补,于是和他的亲信曹洪、夏侯惇等分头到扬、徐两州招募军队，预备在龙亢（安徽怀远西北）集中。曹洪在庐江（郡治在今安徽庐江西）、丹阳（郡治宛陵，今安徽宣城宣州）一带募得四千余人，回到龙亢以后，大部分都逃走了，只剩下五百多人。曹操自己又在铚（安徽宿州西南）、建平（河南永城西南）二县，收兵一千多人。曹操自己是大地主，"佃客"很多，一定会把他们武装起来变成"部曲"。曹洪的"家兵"也凑集了一千多人。这样拼拼凑凑起来，又发展到了几千人，于是曹操再度北上。这次他不再到酸枣与兖州军一起集合，索性渡过黄河，赶到河内前线，直接地去受盟主袁绍的指挥了。

公元190至191年之间，关东军统帅部内部为了争权夺利不断发生矛盾。开始，兖州刺史刘岱和东郡太守桥瑁发生摩擦，终于刘岱火并了桥瑁，派王肱来代理东郡太守。不久，袁绍又夺取了韩馥冀州的地盘，而自领冀州牧，逐渐在黄河中下游形成一股强大的力量。

由于关东州郡起兵讨董卓，胶着在荥阳、河内一带，内战的持续进行与扩大，大大地加重了人民的负担，山东、河北地区本来就已发展到百万之众的青州（治临淄，今山东淄博临淄）黄巾军和以河北太行山脉为根据地的黑山军，更以燎原之势发展起来。

公元191年的秋天，以于毒、白绕、眭固为首的黑山农民军，开始以疾风之势，向冀州的心脏邺城推进，并有渡越黄河进攻兖州的动向。而这时青州的黄巾军一百多万人，因受到袁绍所委派的青州刺史臧洪的压力，也正分两路向河北移动，有与河北的黑山军会师的倾向。

设使河北的黑山军渡黄河而南，或青州的黄巾军渡黄河而北，两支都是数近百万的大军，一旦会师，黄河中下游的统治势力就会发生急遽的变化。于是充满内部矛盾的统治阶级，无论如何都必须集中力量来粉碎农民军的这种意图。

袁绍一方面要用堵击或截断的方法来破坏农民军两路会师的计划；一方面又想利用这一时机，把自己的势力扩展到兖州，使青、兖、冀三州联系起来，这样就使黄河中下游全部受他的控制。要完成这一战斗任务，不得不借重曹操。于是袁绍以东郡太守王肱不能抵抗黑山农民军为借口，派曹操引兵进入东郡，围剿黑山军。当曹操刚一击溃以白绕为首的黑山军于濮阳之后，袁绍就以盟主的资格，发遣曹操任东郡太守，他满以为自己的势力范围从此可以扩大到兖州地区了。

经过疯狂地对农民军镇压和扫荡以后，到了192年的春天，曹操才把渡河而南的黑山军基本肃清。可是就在前一年的夏天，青州的黄巾军在渡黄河北上之际于东光（河北东光）附近受到另一割据势力公孙瓒的主力堵击，损折了战士十余万、丧失了辎重数万辆之后，略事整编。到了192年的初夏，却又浩浩荡荡地转向兖州推进。这一支农民军的主力进入兖州境内，首先攻下了任城（山东济宁），杀死任城相郑遂。接着在东平（山东东平）附近，粉碎了兖州主力军兖州刺史刘岱的部队，在阵上把刘岱斩杀，并以雷霆万钧之势，继续向寿张（山东东平西南）方向移动。

曹操自出任东郡太守，开始取得地盘之后，积极筹划发展。听到刘岱战死，兖州"州中无主"，即派部将东郡人陈宫去说动济北相鲍信以及兖州官吏，表示倘若推他出任兖州牧，他愿意负起堵击黄巾军的任务来。这时兖州官吏正苦于群龙无首，不能对青州农民军集中力量进行抵抗，听到曹操愿意负起扫荡农民军的责任，就由鲍信和兖州刺史的高级幕僚治中万潜等亲自赶到曹操那儿，推他出任兖州牧。

曹操接受兖州牧名义之后，即与鲍信联军堵击农民军于寿张东郊。经过昼夜的激战，农民军虽在阵上杀死鲍信，并几乎击垮曹操的军队，终于因以前渡河北上时，损失辎重数万辆，从此军事辎重，唯以抄略为资，因此不能持久作战，所以，不得不向济北方面撤退。曹操纵兵追踪，到了这一年的十二月，他把青州黄巾军全部收编，得降兵三十余万，男女百余万口。曹操就从收编过来的青州黄巾农民军中，选拔精锐，来充实并扩大自己的队伍，称这支兵为"青州兵"。这就成为以后曹操独霸中原的基本武力。

曹操刚把青州黄巾打败，而自己在兖州的统治地位还来不及进一步巩固的时候，在长安的汉帝国政府却听到兖州刺史刘岱阵亡的消息，急急忙忙地发遣金尚为兖州刺史，令其赶至兖州。曹操知道金尚要来代他出任兖州刺史，预先派兵在兖州边界迎击。这样金尚只得仓忙向南阳方面撤退，那时南阳还在袁术的势力范围之内，金尚的军队退到南阳，也就是投奔袁术。

为什么金尚不向别的地区撤退，偏偏投奔袁术呢？这是有原因的。

袁术和袁绍本来是亲兄弟，都是司空袁逢的儿子。袁术是弟弟，是嫡出；袁绍是哥哥，是庶出。以后袁逢又因自己的二哥袁成早死，没有孩子，就把袁绍过继给袁成做儿子。当袁绍据有河北地区形成一种割据势力的时候，袁术也据有户口数百万、手工业商业过去都比较发达的南阳郡，作为自己的地盘。

袁术野心非常大，他希望做皇帝，他认为自己是袁家的嫡子，袁绍是庶出，"婢使"之子，应该受他指挥。结果，袁绍反被推出来担任关东牧守的盟主，声望、实力各方面，都远远超过他；而且袁家遍于天下的门生故吏都依附袁绍，而不归向自己，因而袁术对袁绍表示不满，甚至发展到兄弟火并的地步。在曹操取得兖州牧地位以前，袁术就已勾结幽州的公孙瓒，希图颠覆袁绍在河北的势力；袁绍也就联络荆州的刘表，来牵制袁术的后方。

在曹操取得兖州之后这一时期，曹操名义上虽是一州之主的州牧，事实上，还不可能立刻摆脱对袁绍的依赖及从属地位。既然曹操表面上是代表冀州即袁绍的势力在向兖州扩展，那么，袁术自然要运用各种可能利用的力量来和曹操争夺兖州了。因此我们对于金尚投奔袁术，以及袁术在曹操刚出任兖州牧的时候，立刻对他进行攻击，也就不会感到是什么偶然性的事件了。

公元192年冬天——距离曹操击降青州黄巾不满二十天，袁术就和公孙瓒配合，开始向曹操和袁绍进攻。同年的年底，龙凑（山东平原境附近，古黄河津渡）一役，袁绍击溃了公孙瓒的主力。第二年的正月，袁术进军陈留（郡治陈留，今河南陈留），与曹操作战正处于胶着状态的时候，结果荆州牧刘表从襄阳进逼袁术的根据地南阳，并切断了袁术的粮道，由此袁术的主力不战而溃，向襄邑（河南睢县西）、宁陵（河南宁陵南）一带退却，从此袁术失掉南阳，退到淮北（以寿春为根据地）。袁术退到淮北以后，西面受到荆州牧刘表的威胁，东面也不可能在徐州取得发展，于是想利用江东籍的将领孙策来经略大江以南，这又引起了以后孙策的渡江，不久拓定江南，给东吴政权奠定了基础。

4. 进攻陶谦、残破徐州

公元193年春天，曹操刚把袁术击退，同年的秋天，就发动了对徐州（治郯，今山东郯城西南）的攻势。

曹操进攻徐州，有两种原因：第一种原因，当时曹操是依附袁绍的，可是公孙瓒却和袁绍为敌，而徐州牧陶谦又和公孙瓒结成联盟，故当公孙瓒进攻袁绍的时候，陶谦曾进军发干（山东堂邑西南），与瓒配合攻绍。因此，袁绍把公孙瓒一打退，曹操把袁术一击溃，就必然把他们的兵锋转向徐州。但是那时河北地区的黑山农民军又大大地活跃起来，一度进入冀州的心脏邺城，因此，袁绍忙于镇压农民军，无暇远略，所以进攻徐州的责任，落在曹操一个人的身上。

第二种原因，是曹操的父亲曹嵩在董卓进入洛阳之前，即已回到故乡谯县居住，后来又因谯县一带是四战之地，不是安全地区，又从谯县逃难到琅邪（国都开阳，今山东临沂北）。到了曹操出任兖州牧，因琅邪是徐州牧所管辖的郡国，而当时徐州牧陶谦又是公孙瓒的同盟，自己的父亲居住在那儿不妥当，于是派人去接父亲到兖州来居住；并命令泰山（郡治奉高，今山东泰安东北）太守应劭在界上迎接，并着其发兵保护。曹嵩临走时，把他平生所搜括来的金银财货分装成一百多辆车，浩浩荡荡地赶往他儿子的任所。他们刚走到兖州属郡的泰山界内华县（山东费县东北）、费县（山东费县西北）境内，就遭到陶谦的部将张闿等的袭击，张闿等把曹嵩全家（连曹操的弟弟曹德在内）杀死，并劫取了这一百多车财物。曹操"志在复仇"，因此引兵攻入徐州。

曹操攻入徐州境内，接连攻下了十多个城池，进抵彭城（江苏徐州）、傅阳（山东峄县南），和陶谦会战。谦战败，退保郯（山东郯城西南，陶谦徐州牧治所），曹操围郯不能攻下，引兵转攻取虑（江苏睢宁西南）、睢陵（江苏睢宁）、夏丘（安徽泗县），所过多所杀戮。

当时关中三辅和洛阳附近的人民，因逃难"流移东出，多依徐土"[1]，曹操兵到，坑杀男女数万口[2]。

眼见曹操对徐州这样的杀戮破坏，陶谦急了，只有指望他的同盟公孙瓒来救他，于是向公孙瓒所派遣的青州刺史田楷去求救，田楷乃派平原（国都平原，今山东平原南）相刘备率领了几

---

[1]《通鉴》汉献帝初平四年
[2]《三国志·魏志·荀彧传》注引《曹瞒传》："自京师遭董卓之乱，人民流移东出，多依彭城间，遇太祖，坑杀男女数万口于泗水，水为不流。……（太祖）引军从泗南攻取虑、睢陵、夏丘诸县，皆屠之，鸡犬亦尽，墟邑无复行人。"《通鉴》汉献帝初平四年引此文而据《后汉书·陶谦列传》改"坑杀男女数万口于泗水，水为不流"之文为"坑杀男女数十万口于泗水，水为不流"。《后汉书》盖有夸大之辞，不足据。

千人开入徐州去支援陶谦。陶谦推刘备为豫州刺史,并加拨了四千人给他指挥,令其屯兵小沛(江苏沛县东),共同抵抗曹操。

曹操在徐州打了一阵仗以后,"军食亦尽",在公元194年春天,退回兖州。

曹操把军队略加整补,后方亦略加部署之后,就在同年的夏天,再度进攻徐州。这次进入徐州以后,还是和上次一样,"所过多所残戮"[1]。

操军进入徐州,连拔五城,兵锋掠琅邪、东海(郡治郯)两郡而过,最后还想攻下郯县。后来由于受到陶谦和刘备联军在郯县东郊的堵击,终于放弃攻下郯县的计划。时兖州的境内,正酝酿着一次巨大的政变,陈留太守张邈联络驻屯东郡的曹操部将陈宫,迎吕布出任兖州牧,共拒曹操。这样,就迫使曹操及其军队不得不迅疾地从徐州撤退了。

5. 与吕布争夺兖州统治权

陈留太守张邈,本来和曹操、袁绍都是好友,曹操从洛阳逃出来,也先投奔到他那儿;以后能够在陈留招募兵众,也全靠张

---

[1]《三国志·魏志·武帝纪》。

邈的大力支援。固然，曹操在中央已任至典军校尉、骁骑校尉，名位并不低，而在陈留起兵的时候，实际上犹受到张邈的节制；到了曹操第二次在扬、徐募兵，北上河内依靠袁绍的时候，才完全摆脱对张邈的从属地位。可是他们之间的友谊到那时还是维持着的。

到了刘岱战死，曹操代刘岱出任兖州牧，随着击破了青州黄巾，巩固了当时统治集团在兖州的统治权之后，情况就有些变化。以资历而论，张邈的陈留太守，是过去汉帝国政府所任命的；曹操的东郡太守，则是盟主袁绍的临时任命，同时袁绍以冀州牧而任命曹操为兖州的太守，本来已有越权之嫌，更何况曹操后来居然以兖州牧的地位临居张邈之上，这是张邈内心所不服的。所以曹操虽然对他表示好感，如史文所载："太祖之征陶谦，敕家曰：我若不还，往依孟卓（张邈字）。后还见邈，垂泣相对。"[1] 然而张邈终究恐惧有一天自己会给曹操所消灭。

同时曹操的一些做法，也深深引起兖州"人士"不满，如陈留郡人边让，"素有才名"，当时如蔡邕、孔融等，都和他建立了深厚的友谊，他们避乱回到陈留居住，曹操任兖州牧后，"尝讥

---

[1]《三国志·魏志·张邈传》。

议操","操闻而杀之,并其妻子",史称:"由是兖州士夫皆恐惧。"[1][2] 即使是曹操的部将陈宫,也对曹操有所不满,而有"自疑"之心。这时陈宫驻屯东郡,了解张邈一定感受曹操威胁独深,因此他和张邈的弟弟张超一同说动张邈,令其迎吕布,"共牧兖州"[3],主要目的就是拒绝曹操继续出任州牧。

吕布本来是董卓的部将,卓"行止常以布自卫"。公元192年四月,汉司徒王允利用吕布与董卓之间的矛盾,说动吕布杀死董卓。董卓死后不到四十天,他的残余势力李傕、郭汜等又联合起来,攻破长安城,杀死王允。吕布战败,率数百骑自长安出武关(陕西商县东)奔南阳投袁术,为袁术所不容,后归袁绍,又为袁绍所忌,乃投奔张杨于河内。当吕布从袁绍那儿逃奔张杨那儿时,曾经过陈留,和张邈拉拢得很好,"临别把手共誓"[4]。因此,张邈同意了陈宫的计划,由陈宫派兵劝迎吕布到濮阳(河南濮阳南,本为东郡治所,至曹操为东郡太守,移东郡治东武阳,今山东观城西),推布为兖州牧。

由于张邈和陈宫在兖州地区,尤其是在陈留郡、东郡、东平

---

[1] 《通鉴》卷六一。
[2] 曹操杀边让事,《后汉书·边让传》称在建安中,而《通鉴》系之汉献帝兴平元年,当有所根据。
[3] 《三国志·魏志·张邈传》。
[4] 同上引书。

等地区，拥有较大的潜在势力，因此他们出来反对曹操，立时"郡县皆应"[1]。只有兖州牧的治所鄄城（山东鄄城）和东郡的两个属县范（河南范县东南）、东阿（山东阳谷东北）两城，为曹操坚守。这时曹操抽调了绝大部分军队去进攻徐州，"留守兵少"，后方非常空虚，而兖州城内的"督将大吏，多与（张）邈、（陈）宫通谋"[2]，对曹操来说，形势是危险极了。

曹操自出任兖州牧之后，就把东郡太守的职位让给自己所最亲信的将领夏侯渊来担任。及曹操去进攻徐州，又把兖州后方的留守事务，交由司马荀彧来处理。张邈、陈宫背曹迎布的消息给荀彧知悉之后，荀彧就赶忙把夏侯惇及其部队从东郡调回鄄城，当夏侯惇到达鄄城的当夜，荀彧就把城内"督将大吏"已和张邈、陈宫通谋"谋叛者数十人"[3]杀掉，把兖州的政治中心鄄城保全了下来。同时又采纳了寿张令程昱（东阿人）的建议，由昱出使范、东阿两城，鼓励当地官吏，"拒城坚守"[4]，等待曹操回来决战。

曹操把军队从徐州开回来，一过泰山，听到吕布进攻鄄城不下，退屯濮阳，就非常高兴。对他的部下说："布一旦得一州，

---

[1] 《三国志·魏志·张邈传》。
[2] 《三国志·魏志·荀彧传》。
[3] 同上引书。
[4] 《三国志·魏志·程昱传》。

不能据东平（国都无盐，今山东东平东），断亢父（山东济宁南。《战国策·齐策》：'亢父之险，车不得方轨，骑不得并行。'）、泰山之道，乘险要我，而乃屯濮阳，吾知其无能为也。"[1] 于是进军濮阳。

公元194年八月，曹操围攻濮阳，濮阳大姓田氏在城内响应。曹操亲率战士进入城东门，结果，巷战不利，曹操本人险些儿被吕布的骑兵抓住。幸亏吕布的骑兵不知道抓住的就是曹操，反问曹操："曹操在哪儿？"曹操指着远处一个骑黄马的人说："那边骑着黄马逃走的就是曹操。"吕布的骑兵听了赶忙丢下曹操，去追那个骑黄马的人了。曹操趁这机会，就冒着火焰，从东门逃出。火还烧伤了曹操的左手掌。

曹操回到营里以后，恐怕因他受伤，军心沮丧，忍着痛出来"劳军"，鼓励士气，并下令军中从速准备好进攻用的"攻具"。

曹操和吕布的战争状态胶着了一共有一百多天之久。战争的惨烈进行，使农民无法进行农业生产；这一年中蝗虫又特别多，地方政权在分崩离析之中，也没有能力组织力量去扑灭灾害。因此，"百姓大饿"[2]，吕布军粮也非常缺乏，只得退兵。这一年九月，曹操回到鄄城，吕布也退屯山阳（郡治昌邑，今山东金乡西

---

[1]《三国志·魏志·武帝纪》。
[2] 同上引书。

北)。

曹操经过一年多的时间,才把兖州的郡县陆续收复。到了公元195年的夏天,钜野(山阳郡的属县,今山东巨野南)会战,曹操终于击垮了吕布,使吕布不得不向徐州撤走。

张邈看到吕布战败,只得把家属由其弟张超带着,退保雍丘(河南杞县),而自己跟着吕布向徐州撤退了。就在这一年的八月,曹操进围雍丘,到了十二月,才开始攻下,把张邈"三族"[1]都杀掉。张邈本人九月间于徐州听到雍丘被围的消息,还想跑到袁术那儿去请救兵,在路上给他的部下杀了。这样,兖州的地方势力,基本被曹操肃清,曹操这时总算把兖州的统治权力进一步地巩固起来了。

当曹操和吕布的战争进入胶着状态之际,袁绍不但不来救援,而且一度把东郡看成自己的属郡,并发遣臧洪为东郡太守。固然,袁绍后来又因为臧洪抗命并和张超连兵,所以把他消灭,但是东郡却从此划入袁绍的势力范围之内。同时,袁绍又派使臣去说曹操,叫曹操把家属遣送到邺城居住,这一句话的中心内容,也就是叫曹操对袁绍"称臣纳质"。曹操的谋臣程昱等表示异议,当然,就是程昱诸人不反对,曹操也决不会答应袁绍的要求的。

---

[1] 三族:父母、兄弟、妻子。或以为父族、母族、妻族者,误。

所以在这一段时间，《三国志·魏志·程昱传》说"袁绍使人说太祖（指曹操）连和"，好像曹操和袁绍在此以前，曾经有失和、反目甚至白刃相接的事情存在过，其实不是的，曹操自受袁绍的支援而进入兖州以后，他们间的友好关系，还始终能够维持着，至少不至于发展到"失和"的程度。同时，《三国志·魏志·臧洪传》又说，这时"袁、曹方睦"，这也只是一个表面的看法，事实上，固然袁、曹之间，还有利害一致的地方，但是随着时间的推移、形势的进展，袁、曹之间的矛盾，也正在蕴蓄着、加深着，终于碰到某一个点上，到了不得不爆发而至于你死我活的地步。

第三章 统一北方之基础

置屯田令

夫定国之术,在于强兵足食。秦人以急农兼天下,孝武以屯田定西域,此先代之良式也。[1]

---

[1]《三国志·魏志·武帝纪》注引《魏书》。

曹操在巩固了他的根据地兖州的统治权以后，接着就"南征北讨"，最后终于完成了统一北方的事业。当然，他能够统一北方，决不是侥幸得到的，必定有他成功的一些客观条件。由于曹操能够充分利用或顺应这些条件，因而他在"逐鹿中原"的许多战役中，最后获得胜利了。而其余一些州牧郡守、地方豪强，则因不善于利用或适应这些条件，因而在当时固然也是"喑呜叱咤"的"一世之雄"，而最后还是失败了。

曹操能够成功，第一是由于他兴置屯田的成功；第二是由于他建军和建立根据地的成功；第三是由于他能笼络强宗豪族与士夫地主，并取得他们的支持与拥护；第四是由于他善于利用对他有利的客观条件，如迎汉帝都许，"挟天子以令诸侯"，造成政治上的极大的优势；第五是由于他有杰出的军事天才以及统治经验等。关于第二点已见上章，第五点中的军事天才，也分见各章之中，我们现在只从曹操取得强宗豪族士夫地主的支持与拥护、迎汉帝都许，及其兴置屯田等方面来谈谈。

1. 拉拢强宗豪族

当东汉末年，在荒旷的帝国废墟上，出现了无数坞垒堡壁。这些屯坞自守、筑壁相保的地方封建贵族强宗豪族，同时握有政治权与经济权。他们为了维护自己的既得利益，把坞垒堡壁领导权紧紧地抓在自己的手中。即使为了军事上的需要而做有计划的移动，他们也是带领"宾客""部曲"，聚族而徙。军事上的影响，不但没有把他们的力量摧毁，相反更加强了这种地方封建贵族的武装力量。

在长期混战中，割据一方之雄为了扩张势力来压倒敌人，必须拉拢他们。曹操对这方面是非常清楚的，因此，他对这些以坞壁自保的强宗豪族更极尽拉拢之能事。

本来曹氏本身就是一个豪强大地主，而且在他们土地上耕作的"佃客"，大都是经过武装训练的，所以曹操的堂弟曹洪一房就拥有家兵千余人，在曹操起兵初期，这便成为曹操军队构成中的重要部分。

曹操起兵不久，进入中牟，中牟人任峻"收宗族及宾客家兵数百人"[1]，归附曹操，曹操也把堂妹嫁给他，对他拉拢得很成功，以后任峻便成为曹操集团中的重要角色。

曹操出任东郡太守以后，有李乾"合宾客数千家在乘氏"[2]，曹操拉拢他，和他联军，在寿张击破青州的黄巾军。乾死后，乾子整继续率领这一支地主武装。整死，这支地主武装又归乾从子典来率领。典"宗族、部曲三千余家，居乘氏，自请愿徙诣魏郡……遂徙部曲、宗族万三千余口居邺"[3]。典以后也累官至破虏将军，封亭侯。

曹操出任兖州牧时，用任城（山东济宁）人吕虔为"从事"，命其"将家兵守湖陆"（在山东济宁），后又命虔任泰山太守。史称，泰山"郡接山海，世乱，闻民人多藏窜"[4]。可见出任该地的太守是一个艰巨的任务。由于"吕虔将家兵到郡"，巩固了曹操在泰山的统治权，从而迫使"诸山中亡匿者"，不得不"尽出，安土业"。吕虔乃"简其强者补战士，泰山由是遂有精兵，冠名州郡"[5]。吕虔以后也位至徐州刺史，封亭侯。

此外如谯人许褚，在"汉末聚少年及宗族数千家，共坚壁以

---

[1]《三国志·魏志·任峻传》。
[2]《三国志·魏志·李典传》。
[3] 同上引书。
[4]《三国志·魏志·吕虔传》。
[5] 同上引书。

御寇"[1]，以后曹操南侵，许褚率众归附，曹操拜许褚为都尉，令其担负禁卫的工作；跟随许褚的少年，也都被用作卫士，称为"虎士"。许褚以后官至武卫将军，封亭侯。跟随许褚的少年而被曹操任为"虎士"，后来"为将军封侯者数十人，都尉校尉百余人"[2]。

此外又如右北平（郡治土垠，今河北唐山丰润东）无终（天津蓟州）人田畴，"率举宗族、他附从数百人，……入徐无山（河北玉田北）中，营深险平敞地而居，……百姓归之，数年间，至五千余家"[3]。后来曹操北征三郡乌桓，就全靠田畴为向导，由此获致柳城的大捷。

由此可见，曹操能够战胜敌人，取得中原地区地方封建贵族——强宗豪族的归附与支持，是很重要的原因，由于他们的归附与支持，便构成了曹魏政权的牢固基础。

有人问：既然说曹操用尽全力来拉拢武装地主——强宗豪族，那么为什么早年的曹操当出任济南相时，便"除残去秽"[4]，打击豪强，致"为豪强所忿"[5]？以后破袁氏，取冀州，以"袁

---

[1]《三国志·魏志·许褚传》。
[2] 同上引书。
[3]《三国志·魏志·田畴传》。
[4]《三国志·魏志·武帝纪》注引《魏武故事》。
[5] 同上引书。

氏之治"，"使豪强擅恣"[1]，故特"重豪强兼并之法"。乃用王修为魏郡太守（治邺），其治以"抑强扶弱"[2]著称。又司马芝任青州济南郡菅长（山东济南章丘西北），"郡主簿刘节，旧族豪侠，宾客千余家"[3]，司马芝征调刘节家客王同等任兵役，"而节藏同等"，芝"即以节代同行，青州号芝以郡主簿为兵"[4]。这些打击豪强的事实，和曹操的拉拢强宗豪族，不是自相矛盾吗？

其实这是不难理解的。因为专制主义的汉帝国，是以自耕小农为其主要剥削对象的，为了要巩固这一阶层，必须压抑豪强。曹操早年出任济南相，既然是专制主义汉帝国的政策执行者，自然不得不对豪强加以打击。到了汉帝国已经土崩瓦解，而在汉帝国废墟上出现的住在坞壁堡垒里的强宗豪族，他们既然同时握有政治权与经济权，又拥有"家兵"和"部曲"，曹操为了战胜敌人，自然不得不用尽全力来拉拢他们。到了他政权初步巩固之后，如让强宗豪族在政治上和经济上的势力无限制地发展，让他们多庇荫农民一户，政府的兵力财力也便减少了一户，因此对他们必须压抑，使皇权在很困难的情况下巩固下来。所以在不同的时间、地点和条件之下，我们可以看到曹操也以不同的态度和方

---

[1]《三国志·魏志·武帝纪》注引《魏书》。
[2]《三国志·魏志·王修传》。
[3]《三国志·魏志·司马芝传》。
[4]同上引书。

法来谨慎地处理对他来说可算是关系很重大的事的。

2. 勾结士族

曹操不仅仅取得中原地区武装地主——强宗豪族之支持与归附，而且对当时在政治上拥有绝大潜势力的士族，也笼络勾结，不遗余力。

所谓"士族"，我们在第一章中曾经讲过，由于两汉帝国的巨大规模，因此要有庞大的官僚机构，而士夫就是官僚机构中的骨干。曹操早年取得桥玄、何颙、许劭的赏识，而得参加士夫地主集团，以后又得到袁绍的提携而得出任东郡太守。曹操既出任东郡太守，就须自己来开创局面，但是以"赘阉遗丑"[1]，要在以后和四世三公，地跨并、冀、青、幽的袁绍来逐鹿中原，还是一件不容易的事。于是设法和士夫的首脑人物颍川（郡治阳翟，今河南禹州）荀淑之孙、"荀氏八龙"中的荀绲之子荀彧建立紧密的关系。又通过荀彧的关系，拉拢了好些士族中人，如彧兄子荀攸以及颍川郭嘉、戏志才、钟繇、杜袭、河内司马懿、京兆杜畿，这些人都是由荀彧介绍给曹操的。彧为曹操府司马，至建安

---

[1]《三国志·魏志·袁绍传》注引《魏氏春秋·袁绍檄州郡文》。

元年（196），曹操迎汉帝都许，即为侍中尚书令，一直到建安十七年（212），居中用事有二十余年之久，成为曹操智囊团中最重要的人物。荀攸自建安元年归依曹操，后转为"军师"，"无征不从"，曹操曾誉之为"前后克敌，皆攸之谋"[1]，至建安十九年（214）攸死，前后亦有十九年之久。郭嘉以建安元年归依曹操，为曹操"军祭酒"，与曹操"周旋十二年"之久。戏志才虽很早就死，名位不大，可是曹操与荀彧书中称："自志才亡后，莫可与计事者！汝颍（二水名）固多奇士，谁可以继之？"[2] 可见也是曹操智囊团里面的重要分子。钟繇随汉帝至许，以荀彧的推荐，曹操用为侍中、尚书仆射（尚书令之副，时荀彧任尚书令），后为曹魏的三师三公。杜袭以荀彧的推荐，曹操用为丞相军祭酒，后来也很受重用。司马懿的父亲司马防，本来是曹操的老上司，曹操任洛阳北部尉时，司马防任京兆尹，司马懿又经过荀彧的推荐，而被曹操加以大用。杜畿建安中为荀彧所推荐，为河东太守十六年，后至曹魏尚书仆射。这些人经过荀彧的关系和曹操拉拢以后，不是参加了曹操的智囊团，成为曹操幕僚中的重要人物，便是出任当时统治政权中的公卿要职。

曹操除了通过荀彧的关系拉拢一部分士族以外，自己在取得

---

[1]《三国志·魏志·荀攸传》。
[2]《三国志·魏志·郭嘉传》。

徐州之后，即拉拢"党锢"中重要人物陈实之子陈纪和陈纪的儿子陈群（陈群是荀彧的女婿）到自己集团里来。纪位至侍中、九卿，而群后来仕魏至司空、录尚书事。接着曹操又把流寓在江南的平原华歆、东海王朗召回中央，歆拜议郎，朗拜谏议大夫，都令他们做自己司空府的参军事。后来华歆、王朗入魏之后，均位至司徒，封侯。河南郑浑（开封人），也在这一时期为曹操所辟用，其后仕魏至九卿。

到了曹操取得河北之后，又通过郭嘉的推荐以及自己的笼络，"辟召"了不少"青、冀、幽、并知名之士"[1]。如清河崔林（东武城人，今山东武城西）、河内常林（温人，今河南温县）、涿郡卢毓（涿人，今河北涿州）、太原王昶（晋阳人，今山西太原）等人，大都是在这一时期参加到曹操的统治集团里去的。

曹操在取荆州时，又拉拢了韩嵩、蒯越，以嵩为九卿之一的大鸿胪，以越为九卿之一的光禄勋。同时又辟用流寓荆州的河东裴潜（闻喜人，今山西闻喜）、河内司马芝等人，以后他们也都成为曹魏统治集团中的中坚人物。

由于曹操笼络的手法很好，因此，曹操统治集团的势力更加强大起来。

---

[1]《三国志·魏志·郭嘉传》注引《郭子》。

当然，统治阶级内部间的关系，也够错综复杂的。固然，他们在如何统治人民、压榨人民这方面，有时取得了一致的步调，但不能说他们内部就没有摩擦，他们内部的摩擦有时甚至发展到火并的地步。

曹操为了要巩固自耕小农这一阶层以巩固他的剥削对象，以加强皇权，不得不压制豪强经济势力的继续发展。在他破袁氏、定河北以后，首先重兼并之法，下令云：

> 有国有家者，不患寡而患不均，不患贫而患不安。袁氏之治也，使豪强擅恣，亲戚兼并，下民贫弱，代出租赋，衒鬻家财，不足应命。审配宗族，至乃藏匿罪人，为逋逃主。欲望百姓亲附，甲兵强盛，岂可得邪？其收田租亩四升，户出绢二匹、绵二斤而已。他不得擅兴发。郡国守相，明检察之，无令强民有所隐藏，而弱民兼赋也。[1]

曹操除了在经济上想压制豪强兼并势力的恶性发展以外，在政治上，对当时的清议风气，也予以一定程度的冲击。在他定冀州后，于建安十年（205）九月下令云：

---

[1]《三国志·魏志·武帝纪》注引《魏书》。

  阿党比周，先圣所疾也。闻冀州俗，父子异部，更相毁誉。昔直不疑无兄，世人谓之盗嫂；第五伯鱼三娶孤女，谓之挝妇翁；王凤擅权，谷永比之申伯；王商忠议，张匡谓之左道。此皆以白为黑，欺天罔君者也。吾欲整齐风俗，四者不除，吾以为羞。[1]

  这令文中的四个典型例子，在当时未必都有，不过曹操却借用来举例，以表明这些颠倒黑白的清议风气，是非整不可的。可见曹操在某些地方，对士族也并不是一味妥协的。

  曹操拉拢士族，是想士族能够拥护他，为他服务，倘使士族官僚不肯受他笼络，甚至反对或攻击他，那么曹操就必然会加以罪责或诛夷。如汉太尉弘农杨彪（华阴人，今陕西华阴东南），四世三公，因和袁术有亲戚关系，被曹操怀疑倾向袁氏，险些儿被曹操杀掉。鲁国（都鲁，今山东曲阜）孔融因讪谤曹操，为曹操所杀。平原祢衡（般人）、陈留边让、清河崔琰，或因"言论"讥刺，或因"傲世怨谤"[2]，让、琰结果都为曹操所杀，祢衡也为曹操所逐走，后来送往荆州牧刘表处，到底还是给刘表部将黄祖杀了。甚至最后还产生因荀彧不同意曹操封魏公而被曹操逼令

---

[1]《三国志·魏志·武帝纪》。
[2]《三国志·魏志·崔琰传》。

自杀的传说。

尽管曹操打击或诛戮了一部分士族，但是还不能意味着这种举动是对整个士族官僚阶层的一种决裂或开火。由于绝大部分士族官僚，与曹操的利益有共通之处，所以他们还是参加了曹操的统治集团，继续和曹操周旋，以等待时机来壮大自己；而曹操也由于在一定时期取得了他们的支持，从而，曹操所代表的阶层面也变得更加扩大，以他为首的统治政权也变得更加巩固了。

3. 迎汉帝都许

士族是有他们的政治主张的，不管他们的庄园经济正在如何发展，农民对他们的依附程度正在如何加强，客观上，这种正在发展的庄园经济对统一的汉帝国正在起着一种瓦解的作用；但是他们在主观上，却还企图早日恢复统一帝国时代的专制主义集权政治，来和平地发展他们的庄园经济，巩固他们的既得利益。因此，他们首先主张拥戴汉帝。

汉献帝自从被董卓劫到长安之后（190年二月），不久（192年四月），司徒王允杀董卓，卓部将李傕、郭汜、樊稠、张济等联军攻破长安，汉献帝落到了他们的手中。后来（195年二月），李傕、郭汜又自相火并，献帝又落在李傕手中。以后李傕部将杨奉叛傕，拥汉帝退往陕县（河南三门峡陕州），又因受到李傕、郭汜联军的压迫，才又从陕县渡河退到大阳（山西平陆东北）。这时跟得上汉帝撤退的公卿大臣，只有几十人了。

到达大阳以后（196年十二月），朝廷的秩序更是荡然无存，史称，献帝"时居棘篱中，门户无关闭，天子与群臣会，兵士伏篱上观，互相镇压以为笑"[1]。皇帝的尊严是扫地了，往往将领自己带了酒菜去请皇帝吃，倘使"侍中"不给他们向皇帝通报，他就"喧呼骂詈"[2]，骂起街来。

最后终因粮食困难，汉帝又不得不渡河回到洛阳，洛阳那时更是焦土一片，"宫室烧尽，街陌荒芜"[3]。回都之后，百官没有居住的地方，只能"披荆棘，依墙壁间"，搭些棚帐来住宿。粮食恐慌的威胁，不但没有解除，而且更加严重起来，史称："群僚饥乏，尚书郎以下，自出采稆，或饥死墙壁间，或为兵士所杀。"[4] 汉帝国的元首——皇帝到了这步田地，也真是走到了穷途末路了。

当汉献帝逃到河东的时候，袁绍的谋臣沮授就劝袁绍把汉帝

---

[1]《三国志·魏志·董卓传》注引《魏书》。
[2] 同上引书。
[3]《三国志·魏志·董卓传》。
[4]《后汉书·献帝纪》。

接至邺城,所谓"迎大驾安宫邺都",而后就可以"挟天子而令诸侯,畜士马以讨不庭"[1]。可是袁绍及其一部分将领如郭图、淳于琼等则认为把皇帝接来之后,动不动就须向皇帝请示,反而受到牵制,因此没有接受沮授的建议,把这事一搁就过去了。

曹操在公元195年击走吕布、攻下雍丘以后,兖州的统治权已经初步地巩固了;接着又在建安元年(196)二月,击破汝南颍川的黄巾农民军,攻下许县(河南许昌),实力更大大地扩展起来。听到汉帝回到洛阳,就想利用他,把他接来,以达到击垮敌人的目的。而荀彧也首先向曹操建议"奉迎天子都许",并警告曹操说:"若不时定,使豪杰生心,后虽为虑,亦无及矣。"[2]曹操乃派曹洪前行,接着亲自赶到洛阳,朝见汉帝,借口洛阳残破,就把汉帝接到许县,并改元建安,暂定许为汉帝国的首都;并用汉帝名义任命荀彧为"侍中,守尚书事",使自己出外征讨时,中枢的大政,全归荀彧来调度。汉献帝从此时起,就成为曹操手掌中的傀儡。

曹操到洛阳,初以汉帝名义发遣自己为"领司隶校尉,录尚书事",迁许之后,又发遣自己为"大将军,封武平侯"。为了拉拢袁绍起见,同时也发遣了袁绍为太尉,封邺侯。汉朝故事:大

---

[1]《三国志·魏志·袁绍传》注引《献帝传》。
[2]《后汉书·荀彧列传》。

将军位在太尉之上，袁绍看到自己的地位反居曹操之下，很不高兴，说："曹操当死数矣，我辄救存之，今乃背恩，挟天子以令我乎？"[1] 上表天子，推辞不受。曹操恐惧袁绍翻脸，连忙把大将军让给袁绍，而由汉帝发遣自己做"司空，行车骑将军事"。这样，与袁绍的紧张关系，又暂时缓和了下来。曹操的"挟天子以令诸侯"，不仅使自己的地位高出一切官吏，而且行动也是"名正言顺"，使自己具有了政治上极大的优势。

4. 兴置屯田

在曹操能够统一北方的几个重要原因中，最主要而起决定性作用的，要算曹操的屯田政策了。

在这时期，任何军事集团要想站得住，除了要有兵以外，还要有粮。在统一帝国时代，粮食的来源，靠向农民去征收租课。自牧守混战，人民流亡，土地荒芜，"名都空而不居，百里绝而无民者，不可胜数"[2]。因此，州郡方镇的割据之雄，这时也到达无兵可集、无粮可征的地步。如袁绍子袁谭为青州刺史，"别

---

[1]《三国志·魏志·袁绍传》注引《献帝春秋》。
[2] 仲长统《昌言·理乱篇》。

使两将募兵下县……贫弱者多,乃至于窜伏丘野之中,放兵捕索,如猎鸟兽"[1]。至于粮源的困难,比起兵源的困难来,更是严重万分。袁绍的军队,因为缺乏粮食,甚至采摘桑葚来充饥。袁术的军队没有粮食,也全靠采集蚌蛤。曹操军队粮食的供应情况,也并不比他们好,当曹操和吕布在争夺兖州统治权时,军队缺乏粮食,命程昱到处搜括,程昱就在自己的东阿县搜括到三天的军粮。这三天军粮中的干肉,杂有人肉在内。粮食问题严重到如此程度,所以有些军团,并不是被敌人打败的,只是因为本身缺乏"粮谷",就"瓦解流离,无敌自破"[2]。

粮食问题既然这样严重,而自耕小农从东汉以来,就因税役繁重,纷纷抛弃土地,流离他方,依附于世家豪族,沦为部曲、佃客。世家豪族成为他们唯一的主人,他们必须向世家豪族服役出租,而对帝国政府则无关系,不向帝国政府出租赋和口算。至于当时割据之雄,要战胜敌人,已经用尽全力来拉拢这些世家豪族,谁敢再向他们去要租调,或把被他们所分割而依附他们的户口去索回来呢?这样,以曹操为首的统治集团,为了要保证军粮的供给,自然不得不由自己来经营屯田,也就是说,由自己来管理农业生产了。

---

[1]《三国志·魏志·袁绍传》注引《九州春秋》。
[2]《三国志·魏志·武帝纪》注引《魏书》。

屯田这种制度，本来自秦汉以来，已经开始有了，不过那时建置屯田，大都在边疆地区进行，到了曹操这时，才把这种制度广泛地推行到中原内地来。

最早的屯田记录，见《水经注·河水》引《竹书纪年》："魏襄王十七年（赵武灵王二十四年，公元前 302 年），邯郸（赵）命吏大夫奴迁于九原。"这些迁往边疆的"吏大夫奴"，可能都是去屯田的。到了汉初，募罪人居塞下，还嫌人数不够，据《汉书·晁错传》："募以丁奴婢赎罪，及输奴婢欲以拜爵者。"也就是说，那时的大土地占有者如果犯了罪或者想"拜爵"做官，只要把自己所有的及龄奴隶捐献给政府，就可以免罪或取得爵位，这样，沿边的屯田也就逐渐发展了起来。到武帝时（前 141—前 87），更大规模地进行屯田。一直到东汉，还是时断时续地在扩展中。

两汉新开的屯田地区，原来大多是匈奴人或其他部族人的牧场，因此汉帝国把它占领了以后，土地的主权是属于国家的。徙居到那里的贫民、下奴婢、罪人，耕种了屯田的土地，收获之后，要向政府缴纳租谷。《居延汉简》有一条说："第二长官二处田六十五亩，租廿六石。"据近人的考释，认为汉时在塞上由于采用疏放的耕作法，每年每亩的收获量，大概不出一石，简文里说六十五亩田要纳二十六石租，相当于四六的分成制，即自己拿六成，政府拿四成。还有，塞上新开辟的土地，可能收获低于每亩一石，那么和当时内地所盛行的"或耕豪民之田，见税什五（十分之五）"的大土地所有者对佃农的剥削数额是相近的。它比起政府对农村中的小生产者——小农的剥削只要征收三十分之一的田租和田租以外的口赋（人头税）来，自然要重得多了。

屯田土地上的耕作者，不仅政府对他们的剥削很重，同时由于他们除了贫民以外，大多数都是罪人和奴隶，因而他们在徙边以后，身份地位比起过去奴隶和犯人来，固然要好些，但是他们被编制在屯田之上，受到屯戍官吏的管辖，其身份地位还不及耕种大土地所有者的佃农。因为在两汉时期，佃农还是"自由人"的身份，隶属关系还没有强化。至于比起自耕小农来，身份地位更是远远要低了。所以他们实在是一个带有隶农性质的农奴阶层。

公元196年，曹操刚把兖州统治权初步巩固下来，这时汝南、颍川一带的黄巾军，又活跃起来，农民军何仪、刘辟、黄邵、何曼等部，"众各数万"[1]，正向陈留方面移动。曹操出兵和他们在许县一带接战，结果战胜了农民军，黄邵战死，何仪、何曼率部投降曹操，曹操就把他们收编了下来。由于这支队伍是由农民组成的，不管男女老少，他们都有相当丰富的生产经验与熟练的劳

[1]《三国志·魏志·武帝纪》。

动技能，同时在这次战役中，曹操还从农民军手里掠夺到不少农具和耕牛，如历史上所记载的："及破黄巾，定许，得贼资业。"[1] 从当时的情况而论：本来农民起义，在统治阶级看来，是大逆不道的事，即使投降，还是要坑埋斫杀的。但是在当时农民大起义发展到全国范围内，农民军人数发展到几百万之众的时候，曹操就是想这样做也不敢；如果这样做，必然会激起农民更大的起义浪潮，对他来说，也是无利的。倘若放任不管，让农民军散伙呢？在当时情况下，必然有一部分农民去依附世家豪族，变成他们的"部曲""佃客"，使世家豪族分割去的户口愈多，势力愈强大，政府的剥削对象——领民愈少，中央政府的权力也会随着削弱，对于中央集权来说，也是不利的。而且还有一部分农民，由于没有重新和土地结合起来，必然会被吸引到另一支农民军去继续起义，对统治集团来讲，危险性也愈大。因此曹操不得不采用屯田的组织形式，把他们编制在土地之上，强迫他们进行生产。

屯田的土地是不成问题的，人民大流徙、大死丧的结果，如当时人司马朗所说："今承大乱之后，民人分散，土业无主，皆为公田。"[2] 可见无主的荒田很多。于是曹操在公元196年，即

---

[1]《三国志·魏志·任峻传》注引《魏武故事》。
[2]《三国志·魏志·司马朗传》。

建安元年，刚把汉帝接到许都之余，就采纳了枣祗的建议，在许附近兴立屯田。除了把收编的农民军里的农民，编制在土地之上以外，还招募流民参加屯田土地上的耕作。

曹操的兴立屯田，开始在建安元年的许下屯田，第一年的成绩就非常卓著。一年中就得谷百万斛（一斛等于一石），以后又大规模在州郡列置屯田，几年之间，政府掌握的粮食更多，史称："所在积粟，仓廪皆满。"[1]"五年中，仓廪丰实"[2]。以后每年可以收获到谷物数千万斛之多。这样，不但北方中原地区的农村经济得以逐渐恢复，而且也解决了曹操的军粮问题，使曹操有了统一北方的经济基础；军事上，征战四方，也无军粮之劳。同时，我们在第一章特别提到过的两汉以来的流民问题，也暂时获得了解决，使以前失去土地和脱离了土地的农民，又以依属的租佃者身份，重新和土地农业结合起来，这标志着一种进步的过程。但是由于屯田的实施，耕种国家土地的一部分农民，身份却大大地低落，隶属的关系也大大地强化了。政府成为大土地所有者，自己经营屯田，役使"屯田客""佃兵"从事农业劳动。这样，政府便成为最大的地主，"屯田客""佃兵"成为国家土地上耕作的农奴。

---

[1]《三国志·魏志·任峻传》。
[2]《三国志·魏志·国渊传》。

屯田分民屯和兵屯两种，民屯还是由各个参加屯田的家族自己来经营的。其管理方式是：全国的民屯，由大司农掌管[1]，于民屯所在地的郡国，设立典农中郎将（和郡守地位相等的农官），中郎将以下有典农都尉（和县令地位相等的农官），典农都尉以下，就是主管生产单位"屯"的屯司马了。每一屯的屯司马，管辖屯田客五十人，屯田客亦称"典农部民"[2]。

从管理民屯的农官称"典农中郎将""典农都尉""屯司马"等官名看来，也可以看出民屯也是一种带着军事性的隶属性很强的农业生产组合。

兵屯和民屯大致相同，除由各军将吏自行"劝课"耕作以外，又由大司农派"司农度支校尉""度支都尉"至兵屯所在地，专管军队中的屯田事项。不过兵屯还是保持原有的军事组织，以营为生产单位。每营有"佃兵"也称"士"，又称"田卒"。

"屯田客""佃兵"在政府经营的屯田土地上耕作，对于农产品的分配，是采取分成制的方式的。当建安元年（196）开始议建屯田时，对分成制这一问题是有过争议的。有的人主张"计牛输谷"，就是由政府把牛借给农民，到了收割后，就根据牛的头数来征收租谷。独有枣祗站在政府立场表示异议，认为"僦牛输

---

[1] 屯田事项由大司农掌管，汉制已是如此。《汉书·叙传》称班况"积功劳至上河农都尉，大司农奏课连最"，可以为证。

[2] 《三国志·魏志·邓艾传》。

谷",到了丰收的时候,政府征收的租谷并没增多;倘使遭遇水旱灾荒,减租又很不方便,因此他坚决主张采用"分田之术"[1],即分成制,最后被曹操所采纳了。规定:"屯田客""佃兵"如使用政府耕牛,百分之六十归政府,百分之四十归自己;"屯田客""佃兵"如使用自己的牛,与政府对分收获量,即五五中分。这种比例,曹操就是根据以前两汉帝国时代的塞上屯田分成比例,以及私家屯田,如东汉初期马援在苑川(甘肃榆中东北)屯田[2],"与田户中分以自给"[3]这种比例来制订的。当然,对没有耕牛的"屯田客"和"佃兵",剥削是比以前又加重了。

由于政府对"屯田客"和"佃兵"的剥削较重,以及农民过去本来是"独立"的小土地所有者,耕种自己的土地,身份是比较自由的;而"屯田客"则是并未得到土地的、束缚在国家屯田土地上的农奴,其劳动又须直接受政府的农官——典农或屯司马的管辖及支配,身份大大地低落而且失去"自由"。因此,在曹操实施屯田初期,农民为了反对农奴化,曾展开了激烈的斗争。

斗争的主要形式是集体逃亡。史称:"是时新募民开屯田,民不乐,多逃亡。"[4] 由于农民采用这种行动来反对强制移殖,

---

[1]《三国志·魏志·任峻传》注引《魏武故事》。
[2]《后汉书·马援列传》:亡命北地……因留牧畜,宾客多归附者,遂役属数百家。转游陇汉间……因处田牧。
[3]《水经注·河水》。
[4]《三国志·魏志·袁涣传》。

因此迫使曹操不得不把强制移殖改为自愿应募,采用"乐之者乃取,不欲者勿强"[1]的办法。同时以曹操为首的统治集团还对"屯田客"做出较大的让步,即做出屯田客只要种田,不必作战的规定来。

即使这样,也并不就是说以后"屯田客"就没有反抗的事情发生。当屯田创建以后的二十年,即建安二十年(215)左右,在陈仓(陕西宝鸡)一带,还发生了以屯田客吕并为首的反对农奴化的农民起义。起义军曾占领了军事重要地区陈仓,最后虽然失败了,但这种农民革命运动对屯田制实施前期,把屯田的剥削数额暂时固定了下来,从而保证了屯田地区农业经济获得迅速的发展,还是起一定程度上的积极作用的。

曹操对于民屯上的"屯田客"固然有所让步,而对于兵屯上的兵士,则一味采取高压政策。兵士逃亡,杀其妻子,一度曹操还因为兵士逃亡不息,而想"更重其刑"[2],把兵士的父母亲和兄弟都杀掉,所谓刑及三族。到此,士兵在性质上不但是个战士,而且也是国家军屯土地上的一名耕作者。这样,裁制军士的法律,不但依靠有形式的军法,而且有比军法更厉害的使佃兵束缚于土地上的经济关系。自此以后,由于佃兵耕种土地多是父子

---

[1]《三国志·魏志·袁涣传》。
[2]《三国志·魏志·高柔传》。

相承，军户——"士家"从此也是世代相袭，一直到魏晋南朝，兵户的地位远比自耕小农为低了。

为了配合大规模屯田事业的需要，以曹操为首的统治集团也开始注意到水利灌溉事业起来。各地刺史郡守多注意修造陂堨，广开稻田，如夏侯惇为陈留、济阴二郡太守，"断太寿水作陂……种稻，民赖其利"[1]。刘馥为扬州刺史，数年中，"广屯田，兴治芍陂及茹陂、七门、吴塘诸堨（安徽寿县南），以溉稻田，官民有畜"[2]。到了曹操死后、曹丕称帝时代，郑浑"于萧（安徽萧州西北）、相（安徽宿州西北）二县界，兴陂堨，开稻田，……号曰郑陂"[3]。贾逵为豫州刺史，"遏鄢汝，造新陂，又断山溜长溪水，造小弋阳陂，又通运渠二百余里"[4]。野王典农中郎将司马孚遏沁水造石门[5]。曹操孙曹叡青龙元年（233），又"开成国渠，自陈仓至槐里（陕西兴平东南），筑临晋陂，引汧洛溉舄卤之地三千余顷"[6]。到了司马懿父子执政时代，并在今苏北皖北，引河水入汴水，下通淮颍，穿渠三百多里，溉田三万多顷。在河北又疏导高粱河，开车箱渠，灌田至二千顷，以后并利

---

[1]《三国志·魏志·夏侯惇传》。
[2]《三国志·魏志·刘馥传》。
[3]《三国志·魏志·郑浑传》。
[4]《三国志·魏志·贾逵传》。
[5]《水经注·沁水》。
[6]《晋书·食货志》。

用水门来节制河流，溉田到一万多顷。可见由于屯田的需要，灌溉事业也已发展到全国范围。

水田的生产量，远比陆田为大，故曹操兴建屯田时经营的水田，每年每亩的收获量大为增加，"白田收至十余斛，水田收数十斛"[1]。农业生产量的增多，促使中原地区富力增加，奠定了以后曹操的继承者司马氏子孙覆蜀灭吴的统一基础。

这里还应该加以说明，曹操一方面固然举办屯田，但是另一方面自耕小农这一阶层并不是完全绝迹。这一小农的阶层的没落，在整个中国封建社会里，是不会达到止境的，不过，封建关系愈发展，这一阶层留下的也较稀薄而已。

曹操为了巩固中央集权，还必须巩固自耕小农这一阶层，他的部下曾不断招回流亡人口，给以无主荒地，并贷之以犁牛。如"关中……遭荒乱，人民流入荆州者，十万余家，闻本土安宁，皆企望思归，而归者无以自业"，卫觊说曹操，以"盐，国之大宝"，"宜……置使者监卖，以其直益市犁牛，若有归民，以供给之"[2]。果然，"流人果还，关中丰实"[3]。这些均有助于小农阶层之巩固。

曹操在公元197年至200年左右，就采仿东汉末叶征收"调

---

[1]《晋书·傅玄传》。
[2]《三国志·魏志·卫觊传》。
[3]《晋书·食货志》。

度"的办法,在兖豫二州按户征收自耕小农的绵绢[1]。到了取得冀州以后,就在建安九年(204)下令:"收田租亩四升,户出绢二匹、绵二斤。"[2] 这就是户调令。

田租、户调的剥削对象,既是农村中的自耕小农,故它的剥削办法也截然和对屯田上的"屯田客""佃兵"采用的分成制有所区别。户调制的剥削形式实际是从两汉帝国时代的人头税——"口赋"及"算赋"演变而来的。

汉代于田租和徭役之外,本有所谓"口赋"和"算赋"等人头税:"民年七岁至十四岁,出口赋钱,人二十三"[3];"人年十五至五十六,出赋钱,人百二十,为一算"[4]。曹操征收绵绢,当为"口赋"和"算赋"的合并。所不同的,汉制征收货币,到了东汉末年,由于商业停滞,货币近于废弃,民间改用谷帛交易,自然经济完全占统治地位,手工业和农业更密切地结合在一起,因此以曹操为首的统治集团,不得不改收货币为征实物,既

---

[1] 《三国志·魏志·赵俨传》:建安二年(197),太祖(曹操)以俨为朗陵长。……时袁绍举兵南侵,遣使招诱豫州诸郡,诸郡多受其命,惟阳安郡不动,而都尉李通急录户调。俨见通曰:"方今天下未集,诸郡并叛,怀附者复收其绵绢,……远近多虞,不可不详也。"通曰:"绍与大将军相持甚急,……若绵绢不调送,观听者必谓我顾望,有所须待也。"俨乃书与荀彧,或白曹公,公文下郡,绵绢悉以还民,郡内遂安。
[2] 《三国志·魏志·武帝纪》注引《魏书》。
[3] 《汉书·昭帝纪》元凤四年如淳注引《汉仪注》。
[4] 《后汉书·光武帝纪》建武二十三年注引《汉仪注》。

向他们要大量的租谷，又向他们要超额的调绢。汉制以丁为征收单位，曹操把人头税的钱币折成绢布以后，如果把完整成匹的绢布断裂成零碎的片段，来折合"口赋""算赋"，不但计算起来存在着困难，而且碎裂不成整匹的绢布也不能再制衣服，对人力物力都是一种莫大的浪费。同时也由于东汉末年以来，对人民的剥削增重，流亡者多，户较丁更不容易移动、更便于征调的缘故，曹操索性以户为征收单位，并易其名为户调。

曹操定户调制以后，从过去汉家十五而税一的田租，以及人出赋钱百二十的人头税，增加到田租亩收四升、户收绢二匹、绵二斤的数额，剥削是相较加重了。不过曹操规定"他不得擅兴发"，"无令强民有所隐藏，而弱民兼赋"[1] 等等。同时由于兵户世代承袭制度的逐渐形成，困于兵役而疲惫与贫困的自耕小农就暂时减轻了兵役的负担；皇权也暂时保护了他们，使他们不致因豪强兼并，"下民贫弱，代出租赋"[2] 而迅速破产。这对当时自耕小农的经济来说，还是起了一些作用的。但是这些作用也不可能把它夸大，因为在长期内战中，不可能不把一部分战争负担压在自耕小农的身上，因此，在曹操统治时期农民还是不断举行起义。如在建安十七年（212），河间郡爆发了以田银、苏伯为首

---

[1] 《三国志·魏志·武帝纪》注引《魏书》。
[2] 同上引书。

的农民起义，曹操派曹仁都督七军，并利用鲜卑部大人轲比能的骑兵三千余骑，才把这次起义镇压了下去。建安二十三年（218）冬天，南阳吏民苦于徭役，因此有宛城守将侯音的起义，到了第二年春天，侯音被杀，宛城被屠，但是参加起义的一部分人民还是退出城郊，屯据山谷，人数尚有五千余人之多，曹操费了很多气力，过了相当长一段时间，才好不容易把起义镇压下去。到了建安二十四年（219）冬天，陆浑（河南嵩县东北）一带，同样因人民"恶惮远役"而爆发了以孙狼为首的农民起义。这些起义，固然最后都失败了，但是由于他们的反抗，使刚规定好数额的田租、户调暂时固定了下来，同时使统治者对徭役的征发也有了顾虑，而这就保证了农民经济更加迅速的发展。

第四章 统一北方与天下三分

步出夏门行·其四

神龟虽寿,犹有竟时;

腾蛇乘雾,终为土灰。

老骥伏枥,志在千里;

烈士暮年,壮心不已。

盈缩之期,不但在天;

养怡之福,可得永年。

幸甚至哉,歌以咏志。

1. 进攻张绣

在曹操巩固了兖州的统治权并迎汉帝都许之后，董卓西北军的许许多多股残余势力还想把汉献帝从曹操手里抢回去。

首先是李傕的部将、后来又倒了李傕戈的杨奉，他趁曹操从洛阳接汉献帝往许移动时，在半途邀劫，结果来不及下手，曹操就过去了。曹操把汉帝安置在许之后，立刻回师讨伐杨奉，攻拔了杨奉所盘踞的梁县（河南汝州东）。杨奉逃奔袁术，又从袁术那儿投奔刘备，最后在徐州为刘备所杀。

其次是李傕，曹操在建安三年（198），利用西北军的内部矛盾，和西北军将领段煨联军进攻李傕，杀傕，灭其三族。另一西北军重要将领郭汜也为他部将五习所杀。

西北军另一股由张济率领，先在建安元年（196）的秋冬之交，随着汉帝自关中向荆州推动。走到南阳，遭到荆州牧刘表部的抵抗，张济为流矢所中，身死。这一支军队由张济的侄儿张绣带领，投降刘表。

刘表接受了张绣的投降，并命张绣屯军宛县（河南南阳），以便在有利时机进军威胁许都。

曹操为了解除许都的威胁，便在建安二年（197）正月，发动了对张绣的攻势。曹操的部队刚开到淯水（白河），张绣就率领全军投降曹操。

曹操在接受张绣投降之后，却把张绣的叔母即张济的妻子娶去作妾。曹操做这一桩事，不但使张绣很丢脸，就是张绣全军将士看到以前主将的妻小被曹操占去，也深怀愤慨。曹操知道张绣对他不满，就用重金收买张绣亲信胡车儿，想利用他来刺杀张绣。计划泄露，张绣反利用部队对曹操的不满情绪，发动对曹操的袭击。在曹操接受张绣投降后的十多天，张绣率军攻入曹操淯水上的营垒，杀死曹操的长子曹昂和曹操的侄儿曹安民，将士死伤很多，曹操的卫队长校尉典韦和卫队十多人力战被杀。曹操本人也险些儿被杀，他在逃走时，自己的左手臂和坐马都被流矢射伤，侥幸地逃出。曹操沿途收集了一些溃退下来的散兵，和他们一同退到舞阴（河南泌阳西北）暂时驻扎下来。张绣军追击曹操到舞阴，被曹操击退，后来曹操回到许都，舞阴等县又被张绣攻下了。

到了同年的冬天，曹操再度进攻张绣，并击败了张绣和刘表的联军，收复了宛、舞阴等县。建安三年（198）的三月，曹操进军围攻张绣的根据地穰县（河南邓州）。围攻了两个月，尚未攻下。曹操一方面恐怕袁绍袭陷许都，劫走汉帝；一方面又因刘表的援军正在企图切断自己的后路，于是决定迅速撤退。

这一次退军，对曹操来说，情况是非常不利的。曹操大军退到安众（河南镇平东南），就受到刘表、张绣两军的前后夹击。曹操在会战前夕，故意穿凿地道，先把辎重运走，装作要突围逃去的模样。第二天，刘表、张绣果然全军追逐曹操的辎重，阵形混乱，曹操就"纵奇兵步骑夹攻"[1]，一举把他们的联军击溃，才安全退到后方。

2. 取徐州战官渡的战略方针

曹操在第二度进攻张绣之先，曾征询一些谋臣的意见。军师荀攸表示："绣与刘表，相恃为强，然绣以游军仰食于表，表不能供也，势必离。不如缓军以待之，可诱而致也；若急之，其势必相救。"[2] 据荀攸的分析，张绣和刘表之间的矛盾始终存在着，而且正在发展，曹操应该等待他们之间矛盾激化，然后"取乱侮亡"，一举可以得手，倘使即时进兵，正违反了兵法上"敌党急之则合，缓之则离"[3] 的原则，必然会达不到消灭敌人的目的。

[1]《三国志·魏志·武帝纪》。
[2]《三国志·魏志·荀攸传》。
[3]《通典·兵典》。

由于曹操没有听从荀攸的意见而贸然出征，结果遭到刘表、张绣联军的夹攻，无功而归。

这里也说明了正史上所称曹操的"行军用师，大较依孙、吴之法，而因事设奇，谲敌制胜，变化如神。自作兵书十万余言，诸将征伐，皆以新书从事，临事又手为节度，从令者克捷，违教者负败。……及至决机乘胜，气势盈溢，故每战必克，军无幸胜"[1]，只是御用史官的一种溢美之辞。从曹操攻陶谦残破徐州和攻宛、穰战张绣两次用兵的事例看来，曹操又何尝依从孙吴兵法的指示呢？

曹操战败以后，就决定召集谋士商量通盘的战略。

当时盘踞曹操周围的军阀，在曹操西南——荆州的是刘表，在曹操正南——淮南的是袁术，在曹操东南——徐州的是吕布，在曹操正东——青州和正北——并州、冀州等地的是袁绍。在曹操正西——关中的"将帅以十数……唯韩遂、马超最强"[2]。现在我们逐一对他们加以分析。

刘表当时据有荆州，"南收零（零陵郡治泉陵，今湖南永州零陵北）、桂（桂阳郡治郴，今湖南郴州），北据汉川，地方数千里，带甲（战士）十余万"[3]，也算是势力很强的一个州牧。固

---

[1]《三国志·魏志·武帝纪》注引《魏书》。
[2]《三国志·魏志·荀彧传》。
[3]《三国志·魏志·刘表传》。

然当曹操向南阳进攻时，他和张绣也联军来抵御曹操；但是他的态度，对汉中央许都还表现"不失贡职"，对袁绍也表示"不背盟主"[1]，只想"自守"一方，"保江汉间，观天下变"[2]，是没有"四方志"的一种人物。在曹操"挟天子以令诸侯"的情况之下，只要曹操不去侵犯荆州，刘表是决不会举兵向许都进攻曹操的。所以，当时的刘表，并不是曹操所要首先解决的敌人。

袁术自败退到淮水流域以后，为了他做皇帝的迷梦，趁曹操与刘表、张绣胶着作战的时候，就在寿春称起皇帝来。结果，受他派遣到江东去的孙策，和他绝交；盘踞徐州的吕布，又借口进攻，大败术军。曹操也在围攻张绣于穰城之前，于建安二年（197）九月亲征袁术，战败术军，斩其大将桥蕤，迫使袁术退守淮南。这时江淮一带，又是"天旱岁荒，士民冻馁"[3]，袁术已经没有力量攻扰曹操，所以曹操也不急于要把他消灭。

至于关中，将帅虽然很多，但他们当中没有一个有发展的前途而能形成统一力量的。不过曹操恐怕袁绍捷足先登，进占关中，因此也急于要派一个十分得力的部属前去对这些关中将领做些拉拢工作，只要他们暂时不再侵扰曹操的占领地区，曹操就已非常满足了。

---

[1]《三国志·魏志·刘表传》注引《汉晋春秋》。
[2]《三国志·魏志·刘表传》。
[3]《后汉书·袁术列传》。

袁绍在当时，已跨据冀、幽、并、青四州，包括今河北、山西两省，河南省黄河以北的一部分地区以及山东省的胶州半岛广大地区。这时，袁绍力量相当强，只冀州一州，就有民户百万家，倘使全体动员，就可得到精兵三十万人。曹操的实力，是远远不敌于他的。不过这时袁绍正在集中全力包围易京（河北雄县西北），企图解决盘踞幽州的公孙瓒，然后再"侵扰关中，乱羌胡，南诱蜀汉"，据"天下六分之五"[1]，来包围曹操。所以对曹操来说，袁绍是他当时最强大也是最主要的敌人。

对曹操来说，吕布也可以说是他相当危险的敌人。

吕布自和曹操争夺兖州领导权失败之后，退到了徐州。这时徐州牧陶谦已经病死，由刘备接任了徐州牧。吕布投奔到刘备那儿不久，趁刘备出兵东击袁术，乘虚袭陷了刘备的根据地下邳（江苏邳州东），自称徐州刺史。刘备一度向吕布求和，后来因受吕布攻击投奔曹操。吕布过去与曹操争夺兖州，是曹操的死敌；又吕布的一部分将士是曹操的部下——如陈宫等，他们背叛了曹操归依吕布，自然决不肯再受曹操统治，而且他们既是兖州籍的将士，也必然会有打回兖州去的打算。因此，倘使曹操让吕布去占领徐州一个较长时期，诚如荀攸所分析的："布骁猛，又恃袁

---

[1]《三国志·魏志·荀彧传》。

术，若纵横淮、泗间，豪杰必应之。"[1]对曹操来说危险性也愈大，到了曹操最后要和袁绍生死决战关头，吕布必然会和袁绍配合从徐州进攻曹操。到那时，曹操腹背受敌，两线作战，无疑就会遭到覆败。

根据以上的情况，在曹操研究通盘战略时，作为曹操谋臣之一的郭嘉就曾经建议曹操趁袁绍"方北击公孙瓒，可因其远征，东取吕布"。他还进一步指出，倘"不先取（吕）布，若绍为寇，布为之援，此深害也"[2]。而曹操另一谋臣荀彧也指出："今与公（曹操）争天下者，唯袁绍尔。"他除了详细分析袁、曹的优劣诸点以外，也认为倘若不先取吕布，就会造成以后两线作战的不利局面，"河北（也就）未易图"[3]。

经过这样分析，曹操就决定先取吕布，然后一到时机成熟，再和袁绍决战。

3. 取徐州、擒吕布

曹操在建安三年（198）九月，发动对吕布的进攻。军队挺

---

[1]《三国志·魏志·荀攸传》注引《魏书》。
[2]《三国志·魏志·郭嘉传》注引《傅子》。
[3]《三国志·魏志·荀彧传》。

进到梁（河南商丘睢阳南），和刘备联军一起向徐州进发。十月初，就攻陷了彭城（治广陵，今江苏扬州江都东北）。太守陈登首先起兵响应曹操，和曹操联军进围吕布于下邳。

当曹操进攻徐州快到彭城的时候，吕布的大将陈宫就劝吕布在界首迎击，认为"以逸击劳"，可以战胜曹操。可是吕布轻敌，没有接受陈宫的意见，反认为应该诱敌深入，"待其来攻，蹙著泗水中"[1]。到了下邳快被包围的时候，陈宫还建议吕布率领步骑出屯城外，自己来守卫城内，曹军攻城，吕布在外牵制，曹军进攻吕布，自己引兵出击，并用游骑切断曹操粮道，使曹操给养补充感到困难。这样，"不过旬日，（操）军食必尽，击之可破"[2]。可是吕布也没有采纳这一意见。

曹操掘了壕堑，围攻下邳有两个多月，最后利用沂泗两水来淹灌下邳，吕布部将宋宪、魏续、侯成等缚陈宫开城门降于曹操。吕布和他的少数卫士退守下邳南门的城楼——白门楼。最后还是投降，曹操下令把吕布和陈宫等一起绞死。

曹操取得徐州之后，袁术更是受到威胁，写信给袁绍，想要逃到他那儿去，袁绍的长子青州刺史袁谭也准备在青州界上迎接他叔叔袁术。

---

[1]《三国志·魏志·吕布张邈传》注引《献帝春秋》。
[2]《三国志·魏志·吕布张邈传》注引《魏氏春秋》。

袁术想穿过下邳，前往青州，曹操派部将朱灵随刘备前往邀击，袁术冲不过去，只得走还寿春，不久病死。他的残余势力由他堂弟袁胤率领，退到庐江，以后孙策攻陷庐江，这一部分残余势力就被孙策接收去了。

刘备从徐州被吕布赶出投到曹操那里来以后，曹操用汉政府名义发遣他为豫州牧，以后因备随曹操攻下吕布，又发遣他做左将军。曹操对他颇为看重，史称："出则同舆，坐则同席。"[1]

这时东汉宫廷内部也正在酝酿着推倒曹操的政变。在汉献帝的表叔车骑将军董承后来的口供中，供出接到汉帝夹藏在衣带中的密诏，要他设法杀死曹操。参加这一秘密活动的除了董承以及长水校尉种辑、将军吴子兰、王子服以外，刘备也是其中一个极重要的角色。

政变还没有发动，曹操派刘备率领朱灵等去堵击袁术。当时曹操的谋臣程昱、郭嘉、董昭都认为刘备"勇而志大，关羽、张飞为之羽翼"[2]，不可放出去，"一日纵敌，数世之患"[3]。可是曹操没有接受这意见。刘备到了下邳不久，董承等推翻曹操的活动被揭发了，董承等被曹操"夷三族"，刘备就在下邳杀了曹操所派的徐州刺史车胄，命关羽守下邳，自己屯据沛县，人数发展

---

[1]《三国志·蜀志·刘备传》。
[2]《三国志·魏志·董昭传》。
[3]《三国志·魏志·郭嘉传》注引《傅子》。

到一万多人。

曹操听到刘备起兵，就在建安五年（200）正月，亲率大军东征刘备。曹操的部分部将劝曹操不要亲征，认为"与公（指曹操）争天下者，袁绍也"，现在袁绍快要发动总进攻，而偏偏去攻刘备，倘若袁绍乘虚进攻后方，更是不利。曹操的回答很简单："今不击，必为后患。"[1] 同时他还估计到"袁绍虽有大志"，要和他逐鹿中原，但袁绍看事情很迟钝，必不会迅速发动攻势的。

当曹操出兵进攻刘备的消息传到河北的时候，袁绍已经消灭了公孙瓒，正可专意对付曹操。袁绍的部下田丰也劝袁绍："（曹）操今东击刘备，兵连来可卒（猝）解，今举军而袭其后，可一往而定。"[2] 可是袁绍并没有考虑他的计策，而把很好的机会放过了。

曹操很迅速地把刘备击溃，并接受了刘备下邳守将关羽的投降[3]。刘备被迫从徐州退到青州，投奔袁谭，转到河北见袁绍去了。

曹操急于要把刘备击溃，是和以前要消灭吕布具有同样的目的，即为了避免将来和袁绍决战时的两线作战。

---

[1]《三国志·魏志·武帝纪》。
[2]《后汉书·袁绍列传》。
[3] 关羽后仍离曹操往投刘备。

当曹操进攻吕布之时，另一割据一方的军阀河内太守张杨出兵野王（河南沁阳）东市，为布声援。不久张杨的部将杨丑杀死张杨，响应曹操。接着张杨的另一部将眭固又杀了杨丑，归附袁绍。

曹操在消灭吕布之后，回军进临黄河，命曹仁等攻下眭固驻守的射犬（河南沁阳东北），击斩眭固，并任命魏种为河内太守。河内郡"南控虎牢之险，北倚太行之固"，曹操控制了这一地区，是可以阻止袁绍军队沿河西上，在战略上是有其重要意义的。

曹操在攻陷河内以后的三四个月中，又派过去在青、兖一带有潜在力量的将领臧霸，率领一部分精兵开入青州，攻下齐（国都临淄，今山东淄博临淄）、北海（郡治剧，今山东寿光东南）等郡国，主动防堵住袁绍以后从青州方面可能发动的攻势。

这样，虽然袁绍力量很强大，曹操力量较弱小，但是由于曹操人工地造成"许多的局部优势和局部主动地位，去剥夺敌人的许多局部优势和局部主动地位，把他抛入劣势和被动"[1]，自己也就脱出了战略劣势和战略被动地位了。曹操乃在建安五年（200）的正月，亲自出屯官渡（河南中牟东北12里），准备迎击

---

[1]《毛泽东选集》第二卷，人民出版社，1952年，第452页。

袁绍[1]。

4. 官渡之战

袁绍与曹操两方的战争，袁绍是采取攻势的一方，曹操是采取防御性攻势的一方。这时袁绍集中在河北前线的兵力，约有"精兵十万，骑万匹"[2]；曹操集结在官渡一带的军队，最多不会超过三四万人[3]。袁绍进攻的目的是直捣许都，劫出汉帝。他知道这是攻取曹操心脏的一着，是迫使曹操非堵救不可的，从而可以在两军决战中最后达到消灭曹操的目的。

袁绍在计划进攻曹操之初，袁绍的大将沮授曾警告袁绍，不要决战。他劝袁绍"进屯黎阳"，以黎阳为最前线，然后"渐营

---

[1] 曹操在建安四年（199）八月，进军黎阳。九月，又回到许都，分兵屯守官渡。到了十二月间，自己又亲到官渡。后来因为刘备在徐州叛变，建安五年（200）正月，亲征刘备。同月，攻破刘备，还军官渡。这是指曹操第二次到达官渡的时间来说的。

[2] 《后汉书·袁绍列传》。

[3] 《三国志·魏志·武帝纪》："时公兵不满万，伤者十二三。"裴松之"以为魏武初起兵，已有众五千，自后……一破黄巾，受降卒三十余万，余所吞并，不可悉纪，虽征战损伤，未应如此之少也。……窃谓……绍为屯数十里，公能分营与相当，此兵不得甚少，一也。绍若有十倍之众，理应当悉力围守，使出入断绝，而公使徐晃等击其运车，公又自出击淳于琼等，扬旌往还，曾无抵阂，明绍力不能制，是不得甚少，二也。诸书皆云公坑绍众八万，或云七万。夫八万人奔散，非八千人所能缚，而绍之大众，皆拱手就戮，何缘力能制之？是不得甚少，三也。将记述者欲以少见奇，非其实录也"。

河南"。不断派遣精骑，骚扰曹操的边境，"令彼（曹操）不得安，我取其逸"[1]。这样，不需要三年工夫，就可以把曹操拖得筋疲力尽，一击就垮。袁绍的谋臣田丰也和沮授一样主张，他也反对决战。他认为袁绍首先应该"内修农战"，来奠定自己的经济基础和充实自己的军事力量；一方面还要"外结英雄"，计划到成熟时期开辟进攻曹操的第二战场，来夹攻曹操；同时还可以选拔一部分精锐队伍来充任机动的奇兵，向曹操防御较弱的地区进行骚扰，使曹操"救右则击其左，救左则击其右"，这样，我未劳而敌已困[2]，不到三年，就可以把曹操的实力全部拖垮。他同时还指出：倘使不根据这一战争规律的指导，而深入敌区，"决成败于一战"[3]，一战而败，懊悔已经来不及了。

可是袁绍部下另一部分将领如郭图、审配，则主张决战。他们认为：兵法上有人数比敌人超过十倍以上，就可以进兵包围敌人；超过五倍以上，就可以对他进攻；人数相等，就可以进行决战。现在以袁绍"之神武，连河朔之强众，以伐曹操，其（兵）势譬若覆手"。又说，袁绍"师徒精勇，将士思奋，而不及时早定大业，所谓天与不取，反受其咎"[4]。所以坚决主张进行决战。

---

[1]　《三国志·魏志·袁绍传》注引《世语》。
[2]　《三国志·魏志·袁绍传》。
[3]　同上引书。
[4]　《后汉书·袁绍列传》注引《世语》。

结果，袁绍采纳了郭图、审配等的意见，决定和曹操进行决战。这些主张决战的人还批评沮授的计划太把稳，从而考虑到以后决战时沮授会不肯力战，因此把沮授指挥的部队拨给其他将领去统率；同时诬蔑田丰这种推论，是有意沮丧士气，而把他拘捕起来。

袁绍在企图进攻曹操之初，就想在曹操南面开辟第二战场，但是由于曹操已经预料到这一着，而把吕布、刘备相继消灭，因此袁绍不得不把开辟第二战场的任务寄托于刘表和张绣方面。

可是这时荆州牧刘表正忙于应付荆州政治集团内部矛盾，长沙太守张羡自建安三年（198）起，就盘踞长沙、零陵、桂阳三郡，抗拒刘表，响应曹操。刘表出兵进攻张羡，当时，战争正进入相持阶段，绝没有力量来和袁绍配合，向曹操进攻。所以正史上说：袁绍"遣人求助（于刘表），表许之，而（竟）不至"[1]。在这种情况下，袁绍是无法动员刘表来开辟第二战场的。

袁绍既没有办法动员刘表来开辟第二战场，于是不得不退而求其次，就想到张绣。袁绍特派使臣去见张绣，结果不但不能争取到张绣，张绣反而听从了他的谋臣贾诩的劝告，背叛刘表，归附曹操。这样，袁绍不但寄开辟第二战场于张绣的希望归于泡影，反而由于张绣归附曹操，增加曹军实力的缘故，促使自己军

---

[1]《三国志·魏书·刘表传》。

事上的绝对优势起了一定程度的变化。

固然，袁绍在官渡决战之前，听到过去给曹操所收编以刘辟为首的汝南黄巾军，又在许都附近活跃起来，所以特派刘备从青州转至汝颍之间，想命令刘备和黄巾军配合，作为瓦解曹操后方和开辟第二战场的重要力量。

但是刘备从河北转青州进入汝颍地区以后，虽一度和刘辟等攻陷了曹操后方的几个县份，如郾强（河南临颍东）等，可是接着就遭遇到曹操所派遣的大将曹仁之堵击。由于这一战场刚开辟，还来不及把它巩固起来，刘备很快就被曹仁所击破，刘备自己只好逃归河北。

袁绍还想开辟第二战场，再度利用刘备，令刘备率领他原有部队直往汝南（郡治平舆，今河南汝南东）。刘备在汝南和另一支黄巾军龚都会合，众至数千人，攻扰曹操后方，并击杀曹操的部将蔡阳。可是力量还嫌薄弱，始终没能形成对曹操两线作战的局面。不久，袁绍在官渡大败，曹操回军进击刘备，刘备只好逃奔刘表那儿去了。

袁绍的第二战场始终没能开辟起来，因而曹操没有后顾之忧，能够集中全力，对付袁绍。这就构成袁、曹逐鹿中原，曹操获得胜利，袁绍终遭失败的重要原因之一。

袁绍和曹操自建安四年（199）八月起，就相持在官渡、黎阳一带。到了建安五年（200）的正月，袁绍正式发表了声讨曹操罪状的檄文。二月，并进军黎阳（河南浚县东北），准备渡河南进，又派大将郭图、颜良向驻守白马（河南滑县北，旧为河水分流处）的曹操东郡太守刘延进攻。

到了四月间，曹操为了解白马之围，自官渡率兵北上，为了避免袁绍主力的堵击，故意进军延津（河南延津北），装作将袭击袁绍后方的模样，造成了袁绍的错觉，果然吸引他一部分主力也向延津移动。于是曹操立即率领轻骑，兼程赶往白马，乘袁军措手不及，袭斩了颜良，把白马城内被围的全部军民劫救而去。

袁绍闻曹操从白马撤退，就渡河到达延津之南，向曹操进行追击。曹操听到袁绍追来，便在白马山南陂扎好阵营，命令将士解鞍放马，诱袁军深入阵地。袁绍主力陆续到来，争抢曹操辎重车辆，阵形混乱。曹操乃命上马冲杀，又击斩了袁绍的大将文丑，然后安全地退回官渡和大军会合。

袁绍渡河追击曹操，是在公元200年四月，到了同年的七月，他接着进军阳武（河南原阳东南，在官渡水之北），过了一月，即到了八月间，他继续又把主力向官渡推进。

根据沮授分析，这时两方的情况是："北兵（袁绍一方）数众，而果劲不及南（曹操一方）；南谷虚少，而货财不及北。南利在于急战；北利在于缓搏。宜徐持久，旷以日月。"[1] 可见这时就袁绍一方的战略讲来，应该采取"敌饥以持久弊之"的方法来对付曹操。而曹操一方的战略，则一方面因为"以至弱当至强"[2]，又必须保存自己实力，避免不利的决战，把敌人十万大军胶着在前线，使其欲战不得，欲退不能，然后，到了有利的情况再来进行决战；另一方面由于自己军粮的不足，还必须速战速决才有利。因此到了同年九月间，一度和袁绍作了小小接触之外，始终坚壁不和袁绍交锋。但是这不是消极的防御，而是为反攻和决战进行准备工作的一种积极防御。

曹操一方面牢固地守住官渡阵地；一方面看清了袁绍十万大军逼近官渡以后，后方补给线很长，粮食的运输就会遇到困难，于是听从谋士荀攸的建议，趁袁绍方面运粮的车辆数千辆快到官渡的时候，就派部将徐晃率兵前往袭击，把袁绍这几千辆军粮全部烧光。

到了十月间，袁绍重新从河北运到粮食一万多辆，他把这些粮食和所有军用物资都堆积在前线大营之北（后方），距离有四十里路远的故市乌巢（河南延津东南）地方，并命大将淳于琼统兵万余人前往乌巢，驻扎在乌巢保护军用物资。

---

[1]《三国志·魏志·袁绍传》。
[2]《三国志·魏志·武帝纪》。

由于袁绍在进攻曹操之前，受到自己一部分缺乏远见的部下的建议和鼓动，而决定进行决战，又由于袁绍在进攻曹操的过程中，受到敌人表面情况的引诱，而使自己的优势和主动地位逐渐丧失，因而，袁绍政治集团内部的矛盾逐渐扩大起来，终至于分裂。袁绍的谋臣许攸因为袁绍没有采纳他在官渡相持阶段轻兵袭许的建议而投奔曹操，并把袁绍在乌巢堆积军粮的情况告诉曹操，劝他轻骑偷袭，只要把这些粮食一烧，包管三天之后，袁绍全军溃退。曹操听到大喜，留曹洪留守官渡阵地，自己率领步骑五千人，打着袁军旗号，趁晚间向袁绍贮积粮食的乌巢进行偷袭。半夜赶到乌巢，进围粮屯，到了天明，淳于琼出兵抵御，曹操又把他击败，淳于琼退守粮屯，不再出战，等待袁绍的援军来到。

袁绍听到粮屯被围，倒认为这是进攻曹操大营、歼灭曹军主力的最好机会，只要自己攻拔曹操大营，"就操破琼，……彼固无所归矣"[1]。所以他派了大将张郃、高览率领自己的主力去进攻曹操官渡阵地，而只调动了很少军力去救援乌巢。这样曹操很容易地攻下了袁绍的乌巢粮屯，斩杀淳于琼，还把袁绍的存粮万余辆全部烧掉。这一消息传到官渡前线，张郃、高览等看到大势已去，就焚烧战具，向曹操投降。

---

[1]《后汉书·袁绍列传》。

袁绍全军听到粮屯被烧，张郃、高览降敌，也一时崩溃。曹操出兵追击，袁绍和他的儿子袁谭带了八百多骑，逃过黄河。袁军在阵上或投降以后被曹操坑杀的有七八万人之多，袁绍的主力几乎全在这一役中被消灭了。

官渡决战是曹操统一北方的一次决定性战役，而这种统一要求，却是符合当时人民的愿望的，因此这一战役有它肯定的意义。但是，袁、曹的决战究竟是统治阶级内部两个政治集团间进行的战争，如曹操坑杀散兵降卒多到七八万人这一事，就显出这种战争的残酷和无人性的本质来。不过曹操在这一战役中，在战略战术各方面，自始至终（除了坑杀败兵降卒七八万人这一残酷的事例以外）都特别显出他的军事指挥才能来。

从军队来讲，曹操人数要比袁绍少。从武装配备来讲，袁绍有"铠万领"，曹操仅有"大铠二十领"；袁绍有"马铠三百具"，曹操"不能有十具"[1]。从经济力量来讲，曹操占领区的兖、豫二州，经过当时巨大的破坏，远不及袁绍的占领区冀、并、幽、青四州那样富庶。固然这时距曹操屯田许下已有四五年光景，那一带的农业生产有了初步的恢复，但是当曹操和袁绍相持官渡，战事进行到偷袭乌巢阶段前后，那时曹操的军粮，已到只够维持全军一月的地步，而袁绍第一次从河北运来粮食几千

---

[1]《太平御览》卷三五六引《魏武军策令》。

辆，第二次又运来万余辆，足见曹操的经济力量也远不如袁绍充裕。从地形来讲，曹操占领的兖、豫二州，是四战之地，要巩固起来比较困难；而袁绍占领的河北，有山河之固。从以上这些条件看来，曹操都不如袁绍。

但是曹操在政治方面，却由于他主观上的努力，人工地造成许多对他有利的条件，比起袁绍的"凭借世资"，成就要大。首先，他"挟天子以令诸侯"，就是他雄厚的政治资本；其次，他也拉拢了不少地主阶级人物并取得了他们的拥戴与支持；再其次，当袁、曹战争快要进入紧张阶段，军事物资正在极端缺乏之际，他却能够听从赵俨的建议，免向人民征收绵绢，缓和了一时紧张的阶级矛盾，这不得不说战前是有了充分准备的。

尤其曹操能够倾听他谋臣的正确的推论和判断，对战争的全局预先做了全面的考虑，并当机立断，毫不犹豫地进攻徐州，擒杀吕布；后来再度亲自出征，赶走刘备；并选择刘表正在荆州和张羡相持不下无法和袁绍配合进攻自己的时候，决定和袁绍进行决战。这样，他虽处在兖、豫四战之地的不利地形下，却始终摆脱和避免了两线作战的艰难局面，得以把所有力量投入战斗对付袁绍，因而获得官渡的大捷。

"战争的胜负，主要地决定于作战双方的军事、政治、经济、自然诸条件，这是没有问题的。然而不仅仅如此，还决定于作战双方主观指导的能力。"[1] 曹操能够战胜袁绍，我们应该看作是和曹操的正确指挥分不开的。以曹操的劣势军队，处在袁绍优势军队进攻面前，因为双方强弱不同，曹操为了保存军力，所以始终选定官渡阵地，不肯前进一步，利用袁绍轻敌的弱点，诱他深入，然后等到敌我优劣的形势有了巨大的变化，再进行决战，这样，歼灭敌人的目的就达到了。此外如为了抢出白马被围的军民，而采用"声东击西"即"示形于彼而攻在此"的战术，奠定了战争初期的胜利基础。到了袁绍进逼官渡，曹操始终牢守阵地，坚壁避免决战几达半年之久，最后到了情况对他有利的时候，便乘敌之隙，出奇兵偷袭敌人的粮屯，烧掉敌军全部粮食和军用物资，这样，曹操不但脱出劣势，而且还占了绝对优势。而袁绍反从优势转变为绝对劣势：内部的分裂，张郃、高览的投降曹操，使得袁绍的地位更为不利，结果袁绍全军就不战而溃，最后胜利便属于曹操一方了。曹操的这种胜利，不能不说是他主观的努力和指挥正确的结果。

倘使说指挥战争也是一种艺术的话，那么从官渡之战来看，曹操在这方面的艺术是有很深的造诣的。

---

[1]《毛泽东选集》第一卷，人民出版社，1952年，第135页。

5. 灭袁绍诸子取河北

曹操在官渡会战，击溃了当时兵力最强大的袁绍军团以后，这样，曹操的力量也就无敌于中原了。但是袁绍是士夫大地主集团的中坚人物，由于他代表的阶层，当时他还有一定的社会基础，曹操想一举消灭他，还是不容易的。所以当袁绍在官渡大败的时候，冀州有一些郡县曾响应曹操，可是袁绍回到河北之后，"复收散卒，攻定诸叛郡县"[1]，河北的统治权又被他巩固了。

过了两年，即在建安七年（202）的五月，袁绍病死。接着袁绍的几个儿子及其政治集团内部发生严重的分裂，最后以至火并，曹操就利用他们间的内部矛盾，把他们各个击破。

袁绍在世的时候，除了自己主持冀州之外，以长子袁谭为青州刺史，次子袁熙为幽州刺史，外甥高幹为并州（治晋阳，今山西太原）刺史，而把自己所最喜欢的小儿子袁尚留在身边。他意图在他死后，由小儿子来继承他的地位。袁绍既死，袁绍政治集团内部以逄纪、审配为首的一部分人，就根据袁绍平日的意思，假造袁绍遗嘱，拥戴袁尚继绍爵位；袁绍政治集团内部以辛评、

---

[1]《三国志·魏志·武帝纪》。

郭图为首的另一部分人，则拥护袁谭。这样，袁绍政治集团内部就分裂成两派，这一分裂，大大地削弱了袁氏政治集团对外的力量。

曹操听到袁绍病死，在同年九月，渡黄河进攻黎阳，到了第二年（203）二月，即把黎阳攻下。同年四月，又向邺城进攻。这时袁谭、袁尚尚能合作，联军抗曹。

当时曹操的将领大部分认为应该乘胜进攻邺城，可是曹操谋臣郭嘉却认为袁氏政治集团内部矛盾已在日趋激化，如果曹操在这时立刻发动进攻，大敌当前，反会促使他们合作，不如举兵南向荆州，等候他们内部矛盾发展到了不可调和的程度，然后发动攻势，这时一击可垮。曹操采纳他的建议，留部将贾信屯守黎阳，自己率领大军退回许都。

当曹操刚在官渡把袁绍击溃这一年的冬天，在长沙响应曹操的长沙太守张羡病死，他的残余势力为荆州牧刘表所彻底消灭。刘表收复了长江以南的长沙、零陵、桂阳等三郡之后，已经没有后顾之忧，可以集中力量来注意中原局势的变化。所以曹操在进攻河北之先，听从郭嘉的建议，故意把军队引向荆州，用强大威力对刘表进行威慑，使他在自己日后向河北进攻之际，不敢轻易开辟第二战场向自己进攻。

曹操大军刚从河北撤回不久，果然袁氏统治集团内部发生火并。袁谭进攻袁尚,被袁尚击败,逃奔平原(山东平原南)。袁尚进兵围攻平原,袁谭困急,派亲信辛评的兄弟辛毗向曹操请救,要求曹操进攻邺城,以解平原之围。曹操自然同意与袁谭连和,议定夹攻袁尚,并替自己儿子曹整娶袁谭之女,与袁谭成为亲家,以取得袁谭的信任,然后计划在消灭袁尚之后,接着用兵消灭袁谭,进取河北。

曹操自己在建安八年(203)冬天,渡河赶到黎阳前线,建安九年(204)二月,趁袁尚进攻袁谭、命审配留守邺城的时候,出兵直捣邺城,并占领了从并州供应邺城粮食的要道毛城(河南武安西)。粮道切断之后,曹操就在邺城城外掘壕沟周围四十里,深广各二丈,引漳水灌在掘成的壕沟里,使城内军民无法突围出来。邺城被围了六个月之后(二月至八月),城内粮食缺乏,"饿死者过半"[1],危急万分。

袁尚听到邺城危急,率主力万余人回救邺城,曹操加以堵击。袁尚部将马延、张颛等投降曹操。袁尚逃往幽州,投奔次兄袁熙。城内听到城外主力被曹操击溃,外援断绝,守东城的审配及其侄儿审荣开城出降,这样,邺城就被曹操攻下了,审配也被曹操生获斩杀。

袁谭配合曹操反攻袁尚,攻陷了河北不少郡县,曹操接着就

---

[1]《三国志·魏志·武帝纪》。

在破邺城之后四个月，即建安九年（204）的十二月，对袁谭开始进攻，攻取了他所夺得的郡县，并在建安十年（205）正月，攻克南皮，斩杀袁谭。冀、青二州基本上都为曹操攻下了。

袁尚逃往幽州投奔袁熙以后，在袁谭被消灭的同一个月，袁熙部将焦触等响应曹操，熙尚兄弟只得放弃幽州，逃奔塞外的乌桓部族，不久，幽州也属于曹操了。

袁绍的外甥并州刺史高幹，在邺城被曹操攻下后，为了避免曹操的兵锋立刻转向并州，一度向曹操请降。到了袁熙、袁尚投奔乌桓，乌桓乘机侵扰中国边境的时候，高幹又脱离曹操，并想用奇兵袭取邺城，结果因曹操方面已经有了防御准备，高幹不敢轻率发动偷袭，只好派兵把守壶关（山西长治东南），提防曹操进攻。

曹操在建安十一年（206），亲自率兵进攻高幹，不久把壶关攻破，高幹逃往平阳（山西临汾南），向南匈奴单于讨救，南匈奴单于慑于曹操的军威，不敢接纳高幹。高幹只得带领几个卫士，预备逃往荆州投奔刘表，逃到崤关（陕西蓝田东南），为关都尉所杀。并州也从此并入曹操势力范围之内了。

至此，袁绍过去占有的冀、青、幽、并四州，全部落入曹操的手中。曹操就把自己的兖州牧让出来，而用汉中央名义调任自己为冀州牧。当曹操在取得河北以后，建安十年（205）四月，

黑山农民军领袖张燕归降曹操，黑山军有十余万人也都被曹操所收编，这样曹操在河北的统治更加巩固了。从此河北便变成曹操的根据地，而邺城则是曹操"霸府"的政治中心。因为邺城是魏郡太守的治所，所以后来曹操就以汉中央名义封自己为魏公、魏王，到了他儿子曹丕代汉做皇帝，国号也就叫"魏"。

6. 对三郡乌桓的胜利

曹操取得冀、青、幽、并四州以后，就直接与塞外的乌桓族为邻。

乌桓也译作乌丸，他们在公元前一世纪至二世纪中，已经住在今西拉木伦河南边的老哈河流域，后来形成一个大的部落联盟。当匈奴全盛时，乌桓曾为匈奴所破灭，到了公元一世纪五十年代匈奴国家内部分裂，北匈奴西迁，南匈奴款五原塞，愿与汉和好，并为汉守边，今天的蒙古草原在那时一度成了无主的地带。于是住在老哈河流域的乌桓族出而占领漠南；住在西拉木伦河流域的乌桓近属鲜卑族出而占领漠北，做了蒙古草原新的主人。中国北部的形势至此一变。

在《三国志·魏志·乌丸传》注引《魏书》里，描写过乌桓人的生活，内容说：他们还过着半游牧的生活，他们主要的职业是畜牧和打猎，他们为了寻找良好的牧地，经常迁徙，"居无常处"。他们逐渐向安定的生活方式转变，乌桓族中从事农耕的开始多起来，他们知道在布谷鸟啼叫的时候从事耕作。他们住在名为"穹庐"的牧帐中，衣服还是很原始的，"以毛毳为衣"。食物为牛羊乳、乳酪、肉、青穄（即稷）煮成的饭，以及东蔷（植物名）酿成的白酒。他们还不知道种稻，米是由汉帝国输入的。他们已知道开采金铁，并且已知道"锻金铁为兵器"，他们能够制造弓矢和鞍勒，他们经常把羊毛制成毡氍。但是他们还没有文字。

他们过着氏族制度的生活，他们选举勇健能战、公平能解决争讼的人做大人，"邑落（氏族村落）各有小帅"，"数百千落自为一部（部落）"，大人和小帅开始都是由氏族中选举出来的，也不能世袭。大人有呼召，各部落不敢违反。他们的土地还是公有的，但是他们的酋长和族长已经把畜群当做自己的财产来支配，这样，牲畜已经成为私有财产了。但对氏族成员，还"不相徭役"，这说明氏族内部还是平等的。

他们还没有法律，只相约："违大人言，死；盗不止，死；其相残杀，令部落自报，相报不止，诣大人平之，有罪者出牛羊，以赎死命，乃止；自杀其父兄，无罪。"氏族内成员，倘使有罪亡叛，由大人下令缉捕的，所有氏族村落都不敢再收留他，最后就把他放逐到"雍狂地"，其"地无山，有沙漠、流水、草木"，在氏族制度下，这一处罚是很重的，因为个人脱离了集体，往往没法生活。

乌桓族常常进行战争，所有成年男子都被认为是战士。在战斗中死去，在乌桓人看来，是无上光荣的事，所以他们"重兵死"。战争成为乌桓族人民生活的正常职能，他们开始为掠夺而进行战争，东汉以来，乌桓族时常侵扰边塞杀掠人民，就是在这种情况之下发生的。掠夺战争的频仍，促进了君王权力的出现，于是渐渐产生了由氏族酋长和军事领袖所构成的氏族贵族。

从乌桓的社会性质看来，当时乌桓正处于氏族制度刚解体、家长奴役制刚发展的阶段。

公元二世纪中叶以后，塞外的乌桓大体上分作四部：

上谷（郡治沮阳，今河北怀来南）部，由九千多个邑落组成。归部大人难楼统治。

辽西（郡治阳乐，今河北抚宁西）部，由五千多个邑落组成。归部大人丘力居统治。

辽东（郡治襄平，今辽宁辽阳北）部，由一千多个邑落组成。归部大人苏仆延统治。

右北平（郡治土垠，今河北唐山丰润东）郡，由八百多个邑落组成。归部大人乌延统治。

后来辽西、辽东、右北平三部结合起来，称为"三郡乌桓"，而三郡乌桓中，以辽西部的势力为最强。

公元190年，辽西部大人丘力居死，子楼班年少，侄子蹋顿代立，总管三郡乌桓的部众，发号施令，成为部落联盟的正式盟主。后来楼班长大，三部乌桓拥护楼班当单于，蹋顿退居为王（峭王）。但是，实际上蹋顿还是掌握很大的权力。可见那时乌桓族由于长期进行掠夺战争，加强了最高军事首长以及次要军事首领的权力，由同一家族中选出他们后继者的习惯已渐渐地变为世袭的权力了。从《三国志·魏志·乌丸传》注引《英雄记》中的袁绍拜乌桓三单于一段文中的"始有千夫长、百夫长，以相统领"几句话看来，十进法的部落军事组织，已经普遍地采用了。

当蹋顿单于成为三部乌桓军事领袖之际，正值东汉帝国分崩离析之日，三郡乌桓攻"破幽州，略有汉民，合十余万户"[1]。到了袁绍与公孙瓒争夺河北领导权的时候，蹋顿还出兵助绍灭瓒。袁绍为了笼络乌桓军事首长，拜三部乌桓的首领为单于，并把本家的女儿嫁给他们当妻子。所以袁绍死后，袁绍的儿子袁

---

[1]《三国志·魏志·武帝纪》。

尚、袁熙在和曹操作战失败以后，就率领吏民十余万户投奔到蹋顿那儿去。蹋顿也趁势和袁尚兄弟联军侵扰中原的边境，破坏中原地区沿边人民的和平生活。

曹操为了彻底消灭袁绍的残余势力和巩固北方的统一局面，并阻止乌桓进扰边境，以保证中原沿边汉族人民的农业生产，就决定出兵对三郡乌桓进行反攻。

在出兵之前，曹操动员人夫，在河北地区开凿"平虏"和"泉州"两渠，使滹沱河、泒水（河北猪龙河上游之沙河）、泃河、潞河（白河）、滦河五条河，从今天河北的饶阳县起到达河北的乐亭县止，联系起来，保证以后行军时粮食运输的畅通无阻；并准备在大军从邺城到达滦河之后，再取道今山海关这一条路直指三郡乌桓的政治中心柳城（辽宁朝阳南）。

曹操在公元207年的五月到达无终（天津蓟州）以后，适值这一年夏雨过多，沿海一带地势"洿下"，道路"泞滞不通"；同时乌桓族也怕曹操会向他们发动进攻，就集中兵力在这一条交通线上进行抵御，使曹操的军队无法前进。

当袁绍、公孙瓒混战之际，无终人田畴聚众五千多家，"入徐无山（河北玉田北）中，营深险平敞地而居"[1]。他自己制定了一套法律，并创办学校。在沿边逐渐形成一种力量，以至"北

---

[1]《三国志·魏志·田畴传》。

边翕然服其威信，乌丸、鲜卑并各遣译使致贡遗"[1]。曹操北伐乌桓之始，就派人去把他约来。田畴这时就向曹操献计，认为原来曹操选择的进军路线，"秋夏每常有水，浅不通车马，深不载舟船"[2]，不如放弃这条路线，另外选择一条近便的道路施行袭击。

曹操采纳了田畴的建议，一方面为了迷惑敌人起见，竖立一块木牌在"水侧路傍"，上面写着："方今暑夏，道路不通，且俟秋冬，乃复进军。"[3] 另一方面，曹操又请田畴率领田畴自己武装起来的部曲五百人作为大军向导，对乌桓进行偷袭。果然，乌桓派到汉地的间谍看到曹操竖立的木牌，认为曹操真的已经把军队撤回了，就去告诉蹋顿。这样，蹋顿对曹操的防御，就松懈下来，认为曹操一时不来进攻。

这一年的七月，曹操由田畴做向导，经过田畴的小王国徐无山，沿途发动大军经过地区的"山民"，"供承使役"[4]。大军出卢龙塞（喜峰口至冷口），塞外没有道路，"堑山湮谷，五百余里"[5]，经过白檀（河北承德西）、平刚（河北平泉），到了八月

---

[1]《三国志·魏志·田畴传》。
[2] 同上引书。
[3] 同上引书。
[4]《三国志·魏志·田畴传》注引《先贤行状》。
[5]《三国志·魏志·武帝纪》。

间，才越过白狼堆（辽宁凌源东南），一共走了九百多里路才到达袭击的目的地柳城。

曹操的大军进到距离柳城有二百来里远的地方，才被乌桓发觉。蹋顿与辽西单于楼班、右北平单于乌延和袁尚、袁熙联军，共有数万骑在凡城（河北平泉境内）地方迎击曹操。曹操命张辽为先锋，纵兵奋击，一战击溃了蹋顿和袁尚的联军，临阵斩杀蹋顿，进陷柳城。辽西单于楼班、辽东单于苏仆延（亦译作速附丸）、右北平单于乌延等和袁尚、袁熙一同逃奔当时割据一方的平州（治襄平，今辽宁辽阳北）牧公孙康那里去了。

当袁尚、袁熙等投奔辽东公孙康的时候，跟随袁尚、袁熙逃往辽东的军队尚有数千骑之多。曹操的部下恐怕袁尚等凭借这些残余军力联合公孙康再度骚扰河北，因此劝曹操乘胜进击辽东。可是曹操不但没有听从这一计划，而且很快地把他的军队从柳城撤回。不久，公孙康恐怕袁尚兄弟夺他的辽东地盘，于是诱斩袁尚兄弟和三郡乌桓单于等，并遣使送首于操。曹操的部下问曹操："公还而康斩送尚熙，何也？"[1] 曹操说："彼（指公孙康）素畏尚等，吾急之，则并力，缓之，则自相图，其势然也。"[2] 曹操就这样运用了巧妙的策略，彻底铲除了袁氏的残余势力。

---

[1]《三国志·魏志·武帝纪》。
[2] 同上引书。

曹操在击破三郡乌桓之后，并把被乌桓族掳去及逃在塞外的汉族人民十余万户，全部带回来。同时还把十余万乌桓族人和汉乌桓校尉所统率幽州、并州塞下的乌桓万余落，全都徙居中国境内，使他们后来很快融合于汉部族之中。曹操以后还率领他们的"侯王大人"及其"种众"参加国内各个重要战役，史称："由是三郡乌丸，为天下名骑。"[1]

塞外乌桓族中最强大的三郡乌桓被曹操击垮之后，乌桓族的势力便大大地削弱了，而鲜卑族的势力却大大地增长起来。原来三郡乌桓的牧区，不久便为鲜卑所占有。乌桓和鲜卑本来是近属，习俗语言大抵相同或相近，因此，留在塞外的乌桓部族也都合并到鲜卑部族中去了。

自东汉帝国中叶起，由于帝国内部的危机，军事力量大大地衰弱了，因此，对塞外的部族不得不由进攻转为防御。然而塞外游牧部族如鲜卑、乌桓的进攻却日益频仍起来。他们深入塞内，劫掠人民，严重地破坏中原沿边的农业生产，尤其在东汉帝国崩溃之后的军阀混战期间，即以三郡乌桓而论，就掠去河北地区汉族人民有一二十万户之多。倘使曹操不出兵讨伐，从乌桓所处的社会阶段来讲，这些汉族人民必然会成为奴婢。所以曹操的行动，虽然其主观意图是在摧毁袁氏残余势力，巩固自己的河北统

---

[1]《三国志·魏志·乌丸传》。

治权，而客观效果则保卫了沿边人民的和平生活。

曹操在八月间，击灭了三郡乌桓的主力，在九月间，就把大军从柳城撤回。大军撤退途中，军食缺乏，"杀马数千匹以为粮"[1]。到了建安十三年（208）的正月，才回到邺城。

曹操灭三郡乌桓后，塞外的部族震慑于曹操的声威，代郡乌桓行单于普富虑、上郡乌桓行单于那楼等，纷纷派遣他们的"名王"来祝贺；同时曹操也授意汉中央政府为了表扬自己灭三郡乌桓的巨大功绩，下令废止太尉、司徒、司空的三公，而恢复西汉的丞相、御史大夫制度。他自为丞相，以郗虑为御史大夫。这样，他在名义上也是一人之下、万人之上了。

7. 进取荆州与赤壁之战

当曹操袭击柳城的时候，逃往荆州的刘备想说动荆州牧刘表袭取许都，刘表本来就只想坐保荆州，并没有北伐的意图；同时他对有野心的刘备也很不放心，认为"重任之，则恐不能制；轻任之，则备不为用"[2]。因此刘表更加不敢轻举妄动地去进袭许

---

[1] 《三国志·魏志·武帝纪》注引《曹瞒传》。
[2] 《三国志·魏志·郭嘉传》。

都了。

到了曹操击破三郡乌桓回到邺城不久，这时割据江东的孙权也想统一大江以南，就趁刘表老病，利用刘表以前部将甘宁袭杀驻守夏口（今湖北汉口）的刘表大将江夏太守黄祖，屠洗了夏口城，劫去男女数万口之多。

曹操恐刘表病死之后，荆州的地盘不是为刘备所盘踞，便是遭孙权所并吞，因此急急地在建安十三年（208）七月，对荆州发动攻势。到了这一年的八月，大军还没有和荆州军队接触，刘表已经病死了。

刘表有两个儿子——刘琦和刘琮，他们是同胞兄弟。在他们母亲死了后（建安七、八年即公元202、203年间死），刘表又娶荆州大族蔡氏。刘表后妻蔡氏的弟弟蔡瑁也成为荆州政治上的重要人物。刘表本来就喜欢小儿子刘琮，表后妻蔡氏又把自己的内侄女儿嫁给刘琮做妻子，蔡瑁等就也和刘琮亲近而讨厌刘琦。表将死前数月，把刘琦放出去做江夏（郡治西陵，今湖北黄冈西北）太守，接替黄祖之缺。到了刘表病死，蔡瑁等就拥戴刘琮继承刘表当荆州牧。这时曹操大军已经进入荆州，刘表大将蒯越及以韩嵩为首的襄沔士夫集团都劝刘琮投降曹操。刘琮也考虑到自己没有力量可以抵抗曹操，倘若利用刘备抵抗曹操，如果刘备抵抗不住曹操，荆州就会受到战争更大的破坏，自己的身家性命也有危险；设使刘备能够抵抗曹操，刘备也不肯心甘情愿做自己的部下，服从自己的调度，荆州地盘还是要给刘备夺去。所以刘琮很快接受了他们的建议，向曹操请降。

刘备自从建安六年（201）投奔刘表以后，到建安十三年，驻在荆州，已有八个年头。在这八个年头中，由于他主观的努力，拉拢了不少襄沔地主集团中的重要人物，因此，他后来撤退时，"荆楚群士，从之如云"[1]。同时他在后来几年中，还采纳诸葛亮的建议，说动刘表办理流寓荆州"游户"的户口登记，刘备也趁这一清查户口的机会，搜募到不少及龄壮丁以补充自己的军队。所以刘备在这八年中，无论在军事力量方面，或自己这一政治集团在吸收统治人才方面，都有了一定程度的充实。当刘表在世时，因为要利用刘备来抵御曹操，所以命他屯军樊城（湖北襄阳北），对他也还比较照顾。

刘表病死，刘琮向曹操接洽投降，刘备开始还蒙在鼓里，完全不知道这回事，到了曹操大军到达宛县（河南南阳），刘备才得到刘琮投降的消息。刘备赶忙把自己的军队从樊城向江陵一带撤退，沿途并吸收了不少部队与民众，他的队伍人数一时达到十几万人之多。但是这十几万人中只有很少部分人是经过严格军事

---

[1]《三国志·蜀志·刘巴传》。

训练的，其余大部分人因临时收编，武装多不完全，所谓"被甲者少"[1]，至于训练更谈不到了。

曹操接受刘琮投降之后，听到刘备退向江陵，江陵是荆州的重要军事基地之一，刘表在时曾贮存了不少器械和军用物资在那儿，倘使被刘备抢去，武装他新收编的队伍，那就会大大地增强刘备的军事力量，对自己来说是非常不利的。所以曹操到达襄阳（荆州治所）以后，听说刘备的队伍已经过了襄阳，他就迫不及待地亲自率领五千骑兵追击刘备，一天一夜赶了三百多里地，赶到当阳县的长坂（湖北当阳东北），才赶着刘备的队伍。刘备本来想向江陵撤退，因曹操对自己紧追不舍，所以只好放弃原来退往江陵的计划，和诸葛亮、张飞、赵云等几十骑向侧面汉水撤退了。曹操在这一次战役中，不但截获了刘备许多辎重，连刘备的两个女儿都被曹军俘虏了去[2]；同时也基本上打散了刘备刚刚结集起来的人数十几万的队伍。

曹操在追击刘备获得胜利之后，就进兵南郡（治江陵），取下江陵，将刘表所贮存在江陵的大量军用物资都归到自己的手中。在刘表统治荆州时代，荆州共有八郡：

---

[1]《三国志·蜀志·先主传》。
[2]《三国志·魏志·曹仁传》：弟纯，从征荆州，追刘备于长坂，获其二女辎重，收其散卒。

南阳郡（治宛，今河南南阳）

章陵郡（治章陵，今湖北枣阳东）

江夏郡（治西陵，今湖北黄冈西北）

南郡（治江陵，今湖北江陵）

长沙郡（治临湘，今湖南长沙南）

零陵郡（治泉陵，今湖南永州零陵北）

桂阳郡（治郴，今湖南郴州）

武陵郡（治临沅，今湖南常德西）

在长江以北的南阳、章陵、江夏、南郡等四郡，这时几乎全部并入曹操统治的势力范围之内了。

曹操为了表扬刘琮，封他做列侯，并调他去做青州刺史。荆州的高级文武官吏凡是主张劝刘琮投降的，都封为侯，封侯的有十五人之多。曹操并推荐蒯越、韩嵩到汉中央去担任九卿（越为光禄勋，嵩为大鸿胪），又重用刘表大将文聘，任他为江夏太守。此外又吸收了不少流寓襄沔一带的士夫地主如和洽、裴潜、王粲、司马芝等人到自己的政治集团里来，以曹操为首的政治集团势力是大大地加强了。同时曹操在接受刘琮投降之后，接收了刘表的荆州军有七八万人之多，水军的"蒙冲斗舰"亦有一千多艘，所以曹操的军事力量也大大地增强了。

曹操驻扎江陵，一方面派零陵人刘巴过江去招抚长沙、零陵、桂阳等几郡太守，说服他们服从指挥；另一方面，又集中了自己的队伍十五六万人和新接收的刘表部队七八万人，一共有二十二万至二十四万人，号称八十万，准备沿江东下，进取刘备。同时还写信给孙权，信内说："今治水军八十万众，方与将军会猎于吴。"[1] 想威吓孙权降服。

这时，刘备自当阳被曹操大军击溃后，遂向汉水方面撤退，和他另一支由关羽率领自汉水而下的水军会合。渡过汉水之后，结果又碰到刘表长子江夏太守刘琦，他也带有军队一万多人，他们就联军退到夏口（湖北汉口）。夏口在江北，刘备还认为不安全，又从夏口撤退到鄂城（湖北鄂州鄂城）的樊口（湖北鄂州鄂城西北，樊港入江之口）。以前刘备在当阳的时候，孙权曾经派鲁肃去和他联络，因此，刘备到了樊口，也派诸葛亮去见孙权，表示愿意组织联军，共同抵抗曹操。

孙权自他的哥哥孙策并有江东，后来又把这一现成的局面传给他后，到这时总共已经有十几个年头。在这十几个年头中，他们兄弟俩对江东的土著地主集团，如吴中四姓朱、张、顾、陆和江北的流寓地主集团如庐江舒县（安徽庐江西）的周瑜、临淮东

---

[1]《三国志·吴志·孙权传》注引《江表传》。

城（安徽定远东南）的鲁肃等人，拉拢不遗余力。如孙策的女儿嫁给吴郡陆逊、顾邵；孙权亲拜顾雍老母于庭前；朱桓被重用，带领部曲近一万多人；四姓子弟担任郡县首长的更多，《三国志·吴志·朱治传》所谓："公族（指孙氏宗室）子弟及吴四姓，多出仕郡，郡吏常以千数。"而周瑜与孙策"有无通共"[1]，他们的妻子且又是亲姊妹，所谓大桥小桥，孙权又以兄礼事瑜，所以他们的关系是非常密切的。鲁肃本来是周瑜的好友，也是孙权拉拢的对象。由于这些江东土著地主集团和江北流寓地主集团的支持与拥戴，孙氏江东政权才能逐渐地巩固起来，创立了割据江东的局面。

不过，这两大地主集团中，江东土著地主集团所以拥护孙氏，志在保护他们在太湖流域一带的既得经济利益——庄园利益，所以对外拓地的要求远不及江北流寓地主集团那样迫切。江北流寓地主集团率领他们的部曲、宾客流寓到江南之后，固然在这时江南的肥沃土地尽有让他们侵占开发之余地，然而他们以流离之余，急需把江东的政治动荡局面澄清下来，使他们进可以收复江北失去的庄园土地，退可以重新在江南建立起便利他们进行剥削的生产组织，因此，他们抵抗曹操的要求要较江东土著地主集团更为坚决。

---

[1]《三国志·吴志·周瑜传》。

当曹操虚张声势说带领了八十万大军沿江东下要和孙权"会猎于吴"的时候，孙权和他的部下商议对策，江北流寓地主集团的领袖人物周瑜和鲁肃主张出军抵御曹操最为坚决。

孙权和他的部属讨论结果，认为：曹操的军队虽然号称八十万，实际只有二十二万至二十四万人，自己的军队立刻集合起来，五万人固然还有困难，三万人却是没有问题的。倘和刘备联军，加上刘备的水军一万、刘琦的军队一万，总共也有五万多人。固然人数只抵得上曹操军队人数的四分之一或五分之一，不过，（一）曹操的军队人数虽多，但是二十多万人中有七八万刚从刘琮那儿接收过来，他们对曹操"尚怀狐疑"[1]。（二）曹操自己的十五六万人，大多"远来疲敝"[2]，而且这时长江一带正流行一种非常可怕的疫病，曹操的军队也已经传染到，"以疲病之卒，御狐疑之众"[3]，人数虽多，并不可怕，五万人是可以抵挡得住的。（三）况且北军的优势是骑兵，缺点是"不习水战"[4]，而地理条件的限制，却偏偏要曹操"舍鞍马，仗舟楫"[5]来作战，舍己之长，用己之短，军事上化优势为劣势，对于曹操方面来说，也是不利的。（四）同时，由于曹操军事胜利

---

[1]《三国志·吴志·周瑜传》注引《江表传》。
[2]《三国志·蜀志·诸葛亮传》。
[3]《三国志·吴志·周瑜传》注引《江表传》。
[4]《三国志·蜀志·诸葛亮传》。
[5]《三国志·吴志·周瑜传》。

开展得太快，离开他的根据地——屯田地区已较远，后方补给线太长，时值冬季，马草搜集就要感到困难；而"荆州之民附操者，逼兵势耳，非心服也"[1]，民众征发不起来，不可能使他们出粮出力来支援大军，所以曹操面临的局面确是困难重重的。

（五）还有，这时马超、韩遂还占据关西大部分地区，曹操尚有后顾之忧，不可能把他二十几万大军长期胶着在长江沿岸持续作战。根据上面五项的分析，他们认为曹操是可以击败的。

孙权采纳了周瑜、鲁肃的意见，集中了三万军队，由周瑜和程普两人率领，和刘备联军抵御曹操。

曹操率水陆两军自江陵出发，沿长江东下，到达赤壁（湖北嘉鱼东北，在长江南岸），和孙权、刘备的联军遭遇。这时曹操的军队所传染到的疫病，已经非常猖獗，所以曹军和孙、刘联军刚一接触，就打了一个小败仗，退到北岸乌林（湖北嘉鱼西，在长江北岸）的地方，隔江对阵。

周瑜部将黄盖向周瑜献上用火烧曹操船舰的策略。黄盖假称投降，用战斗舰——"蒙冲斗舰"十艘，装载薪草，在薪草之内灌注膏油，外面用布幕遮起来。船舰快到曹军阵地一二里的地方，就顺风放火，这一天东南风很紧，"火烈风猛，船往如

---

[1]《三国志·蜀志·诸葛亮传》。

箭"[1]，一靠近北岸曹军的船只，就把它们延烧起来了，同时延烧到岸上的营寨。周瑜等南岸的军舰看到北岸火起，也擂鼓前进。因此，曹操只得率领军队从华容道（湖北监利西北）撤退了。当曹操撤退的时候，恐怕留下烧剩船舰及军用物资被孙、刘联军掠去利用，更增强敌人的战斗力量，因此在退走以前把没有烧着的船舰以及带不走的军用物资也一起烧掉了，所以史称一时烧得"烟炎涨天"[2][3]。

曹操退到江陵之后，因为军队粮食不够，疫势又很猖獗，士兵损折很多。于是命大将曹仁和徐晃留守江陵这一据点，又派乐进率领一部分军队控制襄阳这一重要军镇，自己就退回北方去了。

赤壁之战，是在公元208年的十月、十一月间进行的，到了这一年的十二月，孙权为了配合作战，自己还带了军队围攻合肥（安徽合肥北）有一百多天之久。曹操在209年春天，亲率大军，赶往前线，孙权听到曹操已到谯县，就也退走。曹操在这一年秋天，亲到合肥，就在这一防御和进攻都是必要的战略要地，开建

---

[1]《通鉴》卷六五。
[2]《三国志·吴志·周瑜传》。
[3]《三国志·吴志·周瑜传》注引《江表传》称，操后书与孙权云："赤壁之战，值有疾病，孤烧船自退，横使周瑜虚获此名。"可见曹操的船只固然由于黄盖的火攻而延烧，到了曹操决定撤退，又把烧剩的船舰也一并烧毁，使船舰不致流入敌人手中。这两桩事是可以结合起来看的。

屯田，做好对江东孙权持久作战的准备。

同时，江陵方面，曹操因孙、刘军队长期围攻，就命曹仁放弃这一据点，向北撤退，把战略据点收缩在襄阳、樊城一带，死命地守住不放。

在孙权方面，赤壁之战以后，江东政权更加巩固起来。在刘备方面，赤壁之战刚结束，刘备就利用刘表长子刘琦的潜势力，推他出任荆州刺史，去招抚长江以南的荆州四郡太守。这四郡太守过去大多数都是刘表的老部下，就也相率归附刘琦。第二年，刘琦病死，刘备在手续上取得了孙权的同意，自己称起荆州牧来了。过了一些时候，孙权又把从曹操手里夺来的在长江以北的南郡、江夏二郡借给刘备，同时刘备又吸收了不少以前刘表的旧部，实力大大地增强。到了建安十六年（211），刘备又利用益州牧刘璋请他去消灭张鲁的机会，倒戈向璋，取得益州。这样，形势上三分鼎立的局面就形成了。

曹操刚接受刘琮投降，取得荆州不久，益州牧刘璋曾派遣使臣张松向曹操"致敬"，在《三国志·蜀志·二牧传》注引《汉晋春秋》里说，由于曹操胜利之后，"方自矜伐"，对张松接待得很简慢，因而张松在赤壁战后回到成都，就"疵毁"曹操，劝刘璋不必和曹操来往。事实上这一说法对于张松这一历史人物是有夸大的地方的。曹操接见张松，大概在曹操攻下江陵之后、赤壁战败之前。当曹操到达江陵之际，西可以进窥三峡，东可以席卷江东，但是这时孙、刘联军已在组成，曹操劲敌当前，自然要集中全力击溃孙、刘，然后回师入蜀，进取刘璋。那时刘璋如果仿效刘琮束手投降，曹操就可以兵不血刃，拿下益州；如果那时刘璋再敢抗御，就也很容易地把他消灭。而在赤壁败后，曹操无论用尽任何手段去笼络刘璋，礼敬张松，也并不能使他们上钩归附的。这个时候，倘使曹操差偏师溯江而上，进图巴蜀，那么赤壁既败，江陵随着失守，这一支军队必然进退维谷，就会全军给刘璋吃掉的。曹操采取的政策和战略，是比较稳健的，有计划、有步骤的，刘璋之所以后来没有跟曹操来往，曹操之所以不能进入巴蜀，并不决定于曹操对张松的接待不周到，而是决定于当时的情势。我们看到曹操在赤壁战败、江陵失守之后，随着就进兵关中，谋取汉中，可见他从来就没有放弃进取巴蜀的念头，不过，客观的形势阻止他，使他无法实现而已。

8. 破韩遂、走马超

赤壁战败之后，曹操明白暂时不能解决孙、刘，只有努力把北方的农业生产加速恢复，使自己的力量远胜孙、刘，具备战胜孙、刘的经济条件，才能获得决定性的胜利。

在这一基本政策指导下，曹操首先要巩固自己的后方，统一关中，然后乘机夺取汉中，进图巴蜀。因此，关中用兵这一桩事，就被提到议程上来了。

当时关中还在割据分裂的状态之中，但是这些割据一方的将领，名义上还是受汉中央的官位和归曹操的节制的，倘使曹操骤然出兵攻击他们，不但师出无名，在舆论上还会造成对曹操的不利。所以曹操先不说兴师动众去统一关中，而是说要夺取汉中，进攻张鲁领导的农民军。但是事实上曹操如果要讨伐张鲁，必然要进兵关中，这些割据关中的将领必然会出兵阻挡，那么曹操正式下令对他们加以讨伐，也就振振有辞了。

公元211年即建安十六年的春天，曹操命驻扎洛阳（原驻弘农，后来又改驻洛阳）的司隶校尉钟繇率大将夏侯渊等进兵关中，声称进讨张鲁，果然关中割据的势力——马超、韩遂、侯选、程银、杨秋、李堪、张横、梁兴、成宜、马玩，立时联合起来，人数共有十万人左右，屯据潼关，阻挡曹军开入关中。曹操就在这一年的秋天，亲征关中。

曹操到达潼关之后，便把大军结集在潼关之外，和马超等夹潼关而阵，牵制了马超等联军的主力使他们无法分身；然后派徐晃、朱灵两将率领步骑混合兵种四千人，从蒲坂津（山西永济西）渡过黄河，到达黄河西岸的"西河"地区（陕西朝邑东），建立了坚固的基地，接着曹操在潼关的大军便陆续北渡，与徐晃的军队会合。这样，迫使马超等只得放弃潼关天险，把防线退缩到从渭口（陕西华阴东）以东的渭水南岸去了。曹操又把自己的军队向渭水移动，并多设疑兵，分散敌人注意力，然后出敌人不意，在渭水上搭成浮桥，分遣精锐渡渭水，在渭水南岸筑成坚固阵地，再调动主力分批渡渭，和马超、韩遂等联军在渭水南岸对阵起来。

当曹操要进兵关中之初，许多人说："关西兵强，习长矛，非精选前锋，则不可以当。"曹操的答复是，"战在我"，不在马超、韩遂，关西兵"虽习长矛，将使不得以刺"[1]。在曹操主力渡过渭水南岸以后，果然遵守这一决定。一方面，"连车树栅"[2]，从黄河西岸通到渭水北岸，筑成一条"甬道"，把河东郡（治安邑，今山西夏县北）的积贮粮米源源不绝地运往前方，使大军军食供应无缺；另一方面，又坚守住渭水南岸阵地，避免与马超等盲动作战。这样，作战的主动权，完全操纵在曹操的一方。

关中以马超、韩遂等为首的将领，最后因求和不能、决战不

---

[1]《三国志·魏志·武帝纪》注引《魏书》。
[2]《三国志·魏志·武帝纪》。

得，军事形势发展对他们愈为不利，只得割地送"质任"（以子弟为抵押的人质）向曹操求和。曹操采纳了谋臣贾诩的意见，假装允许讲和，再利用讲和的机会，分化韩遂马超间的关系，使他们互相猜忌，内部矛盾激化，接着到了决战的时机，曹操就利用这一弱点，一举而击溃了他们的联军。成宜、李堪等阵上被杀；杨秋逃归安定（郡治临泾，今甘肃镇原南），不久被曹操攻围，窘逼到只得投降；梁兴退保鄜城（陕西洛川东南），过了不到一年，也为曹操所消灭；其中势力最为强大的马超、韩遂，也都放弃关中，逃回他们凉州的根据地，这样，关中大部分地区为曹操所征服了。

韩遂逃回显亲（甘肃天水西北），到了建安二十年（215），又逃入氐中，后来为其部下所杀。马超退到陇上，一度攻杀曹操所派遣的凉州刺史韦康，攻陷汉阳郡的治所冀城（甘肃甘谷南）。后来韦康部下杨阜、姜叙等起兵讨超，超出战，城内吏民闭城门拒超，杀超妻子，马超进退失据，只得投奔汉中的张鲁，再后又从张鲁那儿投奔刘备。

马超走，韩遂死，曹操西北地区的劲敌已算基本解决，同时曹操并派大将夏侯渊攻杀了在枹罕（甘肃临夏北）称了三十多年"河首平汉王"的宋建。陇右一带，从此也并入曹操的统治势力范围之内。不久（219），盘踞河西四郡的诸将，也纷纷向曹操送

"质"求助，到了曹操死后的三四个月（220），曹操的继承者曹丕又用兵把河西四郡也并入曹魏统治势力之内。

9. 进取汉中与得而复失

曹操在公元 211 年于渭水南岸击溃马超、韩遂等联军之后，本来可以立刻把兵锋西指汉中，但是因为曹操在河北的根据地——河间郡（治乐成，今河北献县东南）发生了以田银、苏伯为首的农民起义，因此曹操为了稳定后方，迅速把关中的大军主力抽回到河北来，这样就延迟了对汉中的进军。到了曹操回到邺城以后，这时，田银、苏伯的起义已被统治集团动员曹仁七军并征发鲜卑的骑兵镇压下去。曹操恐怕自己再度由关中进取汉中之时，孙权会骚扰自己的后方，所以率领步骑四十万，从合肥进攻孙权的濡须坞（安徽巢县东南四十里），想用军事威力来震慑孙权，使他不敢轻易开启兵衅，然后可以专意经营西方。不过曹操刚把东南的阵地固住，在中央却又制造了杀伏皇后及其家族等事故，进一步加强了对汉中央的控制，这样又不得不推迟夺取汉中的计划。而刘备却在这一时期内，取得了益州。曹操恐怕刘备不久进取汉中，威胁关中，因此急急地示意汉中央立自己女儿为皇后之后,在建安二十年(215)就匆匆忙忙地带领十万大军进攻张鲁。

同年四月,曹操从陈仓(陕西宝鸡东),出散关(陕西宝鸡西南),进入氐人的居住地区武都郡的河池县(甘肃徽县西),扰乱了氐人的和平生活,氐族酋长窦茂,众万余人,不肯受曹操调度,曹操用兵把他消灭,并掠夺"氐谷十余万斛"[1]。到了后来曹操放弃汉中时(219),还把武都(郡治下辨,今甘肃成县西)的氐族人民五万多落强制地迁居到关中的扶风、天水二郡界内。

到了215年七月,曹操的大军进到阳平关(陕西勉县西北)下,张鲁弟张卫率领一万多人拒关坚守,山峻难登,曹操进攻,损折了很多士兵,终于把它取下。

张鲁听到阳平失守,就想投降曹操,因部下意见不同,于是放弃南郑(陕西汉中南郑东),退到賨人(即巴人)居住地区的巴中——今四川嘉陵江渠江上游地方去。

到了同年九月间,賨部落酋长朴胡、杜濩、任约相率归附曹操。曹操分巴郡(汉巴郡治江州,今重庆渝北,献帝初平元年移治垫江,今重庆合川)为巴东、巴西、巴三郡,以朴胡为巴东太守,杜濩为巴西太守,任约为巴郡太守。到了十一月间,张鲁也就出降曹操了。

---

[1]《三国志·魏志·夏侯渊传》。

刘备看到曹操的势力不但进入汉中，而且渗透三巴，倘使三巴賨部落受到曹操控制，不但嘉陵江、渠江流域已经布满了曹操势力，就是从今重庆到涪陵一带长江干线也实际受到被曹操切断的危险，这样就直接威胁到蜀汉政权的存在。因此刘备派遣部将黄权出兵三巴，击平了賨部落酋长朴胡、杜濩、任约，把蜀汉政权在嘉陵江、渠江上游的统治权重新巩固起来。

曹操听到朴胡等被刘备击破，即派部将张郃进军宕渠（四川渠县东北），想把居住在嘉陵江、渠江上中游的賨族人民劫到汉中。刘备巴西（郡治垫江，今重庆合川）太守张飞率领一万余人，和郃相拒，经过五十多天坚持作战，最后张郃终于为张飞所破，退还南郑。

曹操在汉中驻了些时日，把汉中百姓八万多人强制地迁往洛阳和邺城两处以后，就留亲信大将夏侯渊率领一部分将士驻防汉中，自己和他的军队主力却在建安二十一年（216）春天，回到河北去了。

有人说，当曹操刚攻下南郑，曹操谋臣丞相府主簿司马懿这时也随军在曹操左右，他劝曹操趁刘备拿到益州还不到一年，而且因为刘备与孙权交涉荆州分界的问题，正在公安的时候，可以乘机进攻成都，"势必瓦解"[1]；曹操另一谋臣刘晔也劝曹操说：

---

[1]《晋书·宣帝纪》。

"刘备得蜀日浅,蜀人未附也,今举汉中,蜀人震恐,其势自倾,……因其倾而压之,无不克也。若小缓之,……蜀民既定,据险守要,则不可犯矣。"[1]据当时人傅幹的记载,说那时"蜀中一日数十惊,(刘)备虽斩之而不能安也"[2],由于曹操没有采纳司马懿和刘晔的建议,因而把大好的机会放过了。事实上这种说法是可以商讨的。曹操指挥战争是非常把稳的,当曹操进攻张鲁不下之际,就因为军粮缺乏而想退军,以后攻克南郑,固然获得张鲁不少仓库存粮,但是益州险要,刘备、诸葛亮又都是有指挥才能的人物,只要他们据险不战,以逸待劳,就会给曹操军队带来甚大的损失,甚至影响而动摇到他的统治权,所以曹操是决不冒这样一个险的。因此曹操决不会在攻克南郑之后,接着进攻成都;而只是想利用賨部落酋长的归附,把他的势力向三巴推进,这正是曹操善于用兵而不是曹操在战略上的失着。

汉中在刘备方面看来,是"益州咽喉","若无汉中,则无蜀矣,此家门之祸"[3],所以刘备是要动员全力来争夺的。曹操主力在建安二十一年(216)春天撤回,到了建安二十二年(217)冬天,刘备就开始发动对汉中的进攻,到了建安二十三年(218)夏天,刘备还亲自到达阳平关前线,对曹操留防汉中的夏侯渊、

---

[1]《三国志·魏志·刘晔传》。
[2]《三国志·魏志·刘晔传》注引《傅子》。
[3]《三国志·蜀志·杨洪传》。

张郃部队进行攻击。到了同年九月，由于战争更进入紧张状态，曹操不得不自己亲率援军赶往关中，驻扎长安，密切地注意汉中战事的发展。

到了建安二十四年（219）的正月，刘备进军定军山（陕西勉县东南），夏侯渊出兵争夺阵地，被备所杀。三月，曹操自己就从"五百里石穴"[1]的斜谷道，赶往他所认为"天狱中"的南郑。拨出自己在汉中的全部部队，安全退到长安。这样就把汉中放弃，而把抵御刘备的战略据点收缩到长安、陈仓一带。

汉中的得而复失，从曹操方面来讲，固然在军事方面是一种很大的损失，但是曹操情愿放弃汉中，也不肯把自己主力抛进到这一"食之无味，弃之可惜"[2]，比之于"鸡肋"的泥淖——汉中地区去，从战略指导原则来看，这是完全可以理解的。同时刘备发动进犯汉中的攻势不久，也就命关羽在江陵出兵，进规襄、樊，而孙权也一度配合刘备，围攻合肥，所以这一次的攻势，规模相当巨大，对曹操来说，是应该沉着对付，不能粗心大意的。如果曹操不肯放弃汉中，那么必然会把自己主力陷在西头的战场，就会对曹操军事上造成极大的不利。所以曹操宁可放弃战略要地的汉中不守，而不肯为了它却把自己的主力给敌人牵制住。

---

[1]《三国志·魏志·刘放传》注引《孙资别传》。
[2]《后汉书·杨震列传》附《杨修传》。

由此可见，曹操放弃汉中，是战略上的需要。

10. 利用孙权消灭关羽

当刘备在荆州三顾诸葛亮于草庐之中的时候，诸葛亮曾对刘备说："若跨有荆、益，保其岩阻，西和诸戎，南抚夷越，外结好孙权，内修政理。天下有变，则命一上将，将荆州之军，以向宛洛；将军身率益州之众，以出秦川。"[1]也就是说诸葛亮认为在刘备取得荆、益两州以后，应该巩固孙、刘联盟，然后军事上从汉中与江陵两大战略基地，在条件成熟时，两面钳击洛阳，这在刘备方面的作战计划来看是完全对的。所以刘备在攻克汉中稍后，就命驻防荆州的关羽，进兵襄、樊，北向宛、洛，使这一作战计划成为可以实现的东西。

建安二十四年（219）七月，关羽发动对樊城的进攻，征南将军曹仁这时防守樊城。在被关羽攻围前，先派于禁、庞德等七军屯于樊北，与城内互为犄角。八月间大雨，汉水涨溢，平地水深数丈，于禁等七军全都被水浸没，只有一部分将领登高避水，关羽乘大船猛攻，于禁等相率出降，只有庞德率众抵抗，最后也

---

[1]《三国志·蜀志·诸葛亮传》。

落水俘擒被杀。

关羽乘船猛攻樊城，这时城内人马只有几千人，曹仁坚守待援。城遭水淹，水再涨高几尺，就会全城覆没，真是危急万分。关羽还派遣军队去包围襄阳，连曹操方面所派遣的荆州刺史胡修、南乡[1]太守傅方也都投降关羽了。同时由于曹操在和刘备争夺汉中的战争进行中，大量地调用陆浑（河南嵩县东北）一带民伕去支援前方，给这一地带人民带来了繁重的徭役，他们"恶惮远役"[2]，就发生了以孙狼为首的农民起义。农民军为了想动摇曹操的统治，曾主动地去联合关羽，扩大影响；此外许都以南有许多地方，也纷纷起兵，响应关羽。所以战争的形势，对曹操来说，开始是极为不利的。

曹操从汉中撤退时，就听到关羽进攻襄、樊的消息，他先派遣徐晃率兵屯据宛县，待机反攻；自己也赶忙把主力从关中抽回，并亲自驻扎洛阳，指挥襄、樊战局。当时因许都距离前线太近，曹操开始还想把首都迁往邺城，后来恐怕人心动摇，才停止迁都的计划。

曹操的谋臣司马懿和蒋济劝曹操利用孙权、刘备间的矛盾，对孙权采取外交攻势，加深他们的分裂。蒋济还认为："刘备、

---

[1]《水经注》：汉建安中，割南阳右壤为南乡郡。
[2]《三国志·魏志·管宁传》附《胡昭传》。

孙权，外亲内疏，关羽得志，权必不愿也，可遣人劝（权）蹑其后，许割江南以封权，则樊围自解。"[1] 曹操自然采纳了他们的意见。

孙权这时也因江陵居建业上流，如让关羽势力发展，对自己极为不利。因此一方面派吕蒙偷袭关羽的根据地江陵，同时并写信给曹操，表示愿袭杀关羽来做回答，并请求曹操不要把这军事秘密行动让关羽知道，使关羽有了准备。

曹操接到孙权信后，召集部属商议处理办法，大多数人认为应该把孙权预备偷袭关羽的行动秘密起来，独有谋臣董昭认为应该把这一所谓秘密的消息透露给围城城内的将士和关羽知道，这样，第一，可以使围城内"不知有救，计粮怖惧"[2] 的守城将士，斗志更加坚决；第二，关羽知道后必然要迅速退回去，樊城之围，不救自解，同时他还逆料关羽"为人强梁"，以樊城有必破之势，必不速退，因此也不至于会影响到孙权的偷袭计划。曹操就命徐晃在前线把孙权写给自己信的内容，用箭射进樊城城内和关羽的营屯里去。果然，围城内的吏士听到这一消息，更是"志气百倍"[3]，使关羽更是无法攻下。

不久，曹操的统帅部又进驻摩陂（河南郏县东南），并增派

---

[1] 《三国志·魏志·蒋济传》。
[2] 《三国志·魏志·董昭传》。
[3] 同上引书。

十二营到宛县前线，拨给徐晃指挥。同时，徐晃也配合全局，开始对关羽进行反攻。这时孙权命吕蒙偷袭江陵已经得手，关羽听得根据地失去，只得迅速撤退，归路上军队溃散，关羽没有退到江陵，就在十二月间被孙权擒杀。曹操这一次利用孙、刘间的矛盾，消灭了关羽，不但解除了襄、樊的暂时威胁，而且在战略上说来，使蜀汉失去荆州基地之后，以后诸葛亮几度对魏用兵，只能出秦川一路，而无法"命一上将，将荆州之众，以向宛洛"；蜀汉两面钳击的攻势，从此流产，这对于以后魏蜀战争来看，于曹魏方面也是非常有利的。

曹操在樊城解围之后，于建安二十五年（220）的正月，又从摩陂退至洛阳，就在这一月的二十三日，在洛阳病死了。

11. 进击乌桓、降服鲜卑

曹操在死前两年多，即建安二十一年（216）的秋天，因为这时南匈奴参加中原地区内战，尤其受到过去袁绍的培植，势力已经逐渐强大起来，所以就趁南匈奴单于呼厨泉入朝，把呼厨泉单于留在邺城，每年给他绵绢钱谷，使他生活过得很充裕，就是不放他回去。叫南匈奴右贤王去卑代单于来执行政事，把南匈奴的部众分为左、右、前、后、中五部，每部置帅一人，由匈奴贵族来充任，置司马一人，由汉族官吏来充任。司马的职任是"监督"他们，权限非常大，通过这一措施，曹操就加强了对南匈奴的控制，使他们更服从自己。

柳城之战，曹操把辽东、辽西、右北平三郡乌桓的势力击溃之后，代郡（治高柳，今山西阳高西北）、上谷（郡治沮阳，今河北怀来南）二郡塞外的乌桓无臣氐等三单于，势力还是相当地雄厚。到了建安二十三年（218）夏天，他们就联合近塞的鲜卑部落大人轲比能，进扰汉皇朝边境。

轲比能是鲜卑族中较近汉朝边塞的一个部落首领。自汉帝国崩溃以后，接着中国发生内战，"汉人多亡叛归之，教作兵器铠楯，颇学文字"[1]，所以鲜卑社会也有了飞跃的进展。轲比能开始"勒御部众，拟则中国，出入弋猎，建立旌麾，以鼓节为进退"[2]。曹操为了"扫荡"河间以田银、苏伯等为首的农民军，曾一度征发轲比能三千余骑来帮助镇压。到了公元218年，轲比能又和代郡上谷乌桓联合起来，骚扰汉朝边境。

曹操在同年的四月，派遣第三子曹彰率兵前往抵御。曹彰带领步卒千人，骑数百匹，到达涿郡（治涿，今河北涿州），乌桓、

---

[1] 《三国志·魏志·鲜卑传》。
[2] 同上引书。

鲜卑的联军几千骑骤来袭击，曹彰听取了田豫的建议，"因地形，回车结圜阵，弓弩持满于外，疑兵塞其隙"[1]，奋勇抵抗。乌桓、鲜卑的联军看到不能取得胜利，即时退去，彰追击，乘胜逐北二百余里，到达桑乾（河北蔚县东北）的地方，大破乌桓。

乌桓破后，轲比能也退走塞外，不久，就向曹操表示降服了。

扰攘多事，困于鲜卑、乌桓各族频繁进攻的汉帝国边塞，总算在曹操执政这一时期，获得了相对安定的局面，使边塞人民在这一时期能够和平进行农业生产，这不能不算是曹操的功绩。

从曹操起兵陈留，以后与吕布争兖、徐，与袁绍战官渡，接着击灭三郡乌桓，取荆州，进兵关、陇，统一了北方；与刘备争夺汉中和襄樊；与孙权相持合肥皖城，可以说从曹操三十五岁起，到六十六岁止，这三十多年中，没有一年没有战争，而这些战争中每个主要战役，大都是由曹操亲自指挥的。在战官渡以前，曹操战败的次数非常多，如击董卓，败于荥阳汴水；攻陶谦残破徐州，一无所获；和吕布争兖州，曹操几乎一蹶不振，可以说时常打败仗。就是在战官渡之后，曹操也还有乌林赤壁之败，汉中之失，襄樊、合肥之围。所以曹操并不是正史上所说"变化如神"简直就是大军事家孙吴的化身。不过，曹操开始在军事上

---

[1]《三国志·魏志·田豫传》。

固然还是乱撞乱碰的鲁莽家，但是后来由于他能够倾听和采纳部下的正确的判断，因而在对全局起决定作用的战役，如官渡之战、柳城之战、当阳之战、渭南之战，打了一系列胜仗，那么其他多次战役固然失败或不成功，也不致使统一北方的局势变得不可收拾。

作为指挥大军的曹操，在历次战役中，也锻炼了自己的指挥才能，由起初指挥三五千人，到后来发展到成为能够指挥四五十万大军的统帅了；起初只能在徐、兖一带熟悉的地形地带作战，到后来北逾卢龙塞，西通斜谷道，在任何险峻的地方也都可以指挥如意地进军了。曹操的部下说曹操每碰到作战，从来就不敢大意，所谓"用兵畏敌，不敢轻之"[1]。曹操在争夺汉中这一战役中自己曾经说过这样一句名言："为将当有怯弱时，不可但恃勇也。将当以勇为本，行之以智计；但知任勇，一匹夫敌耳。"[2] 这就是说，一个全才的将帅，除了"以勇为本"之外，还必须研究战略，这样才"能够把战争或作战一切重要的问题都提到较高的原则性上去解决"[3]，这样就能"知己知彼，百战不殆"了。

所以如果说曹操的胜利，是由于熟悉孙吴兵法的缘故，曹操在他研究指挥军事的著作中，有《孙子略解》一卷、《兵书接要》

---

[1]《三国志·魏志·董昭传》。
[2]《三国志·魏志·夏侯渊传》。
[3]《毛泽东选集》第一卷，第171页。

（曹操曾祖父名曹节，所以改"节要"作"接要"）十卷、《兵法接（节）要》三卷、《兵书要略》九卷、《兵法》一卷，可以说是著作等身了。但是曹操对孙子兵法的研究，不是用读死书的方法，他除了珍重地学习前人战争经验的总结性论著以外，他还从自己的经验中考证了这些结论，从战争去学习战争，因而他已经不是像他刚开始指挥战争时一样的乱撞乱碰的鲁莽家，而是能够驾驭战争全局的深谋熟虑的老练、出色的大军统帅了。

曹操制定的军法是非常严酷的，在《太平御览》卷二九六引《魏武军令》中："兵……临阵，皆无欢哗，明听鼓音。旗幡麾前则前，麾后则后，麾左则左，麾右则右，不闻令而擅前后左右者，斩。伍中有不进者，伍长杀之，伍长不进，什长杀之，什长不进，都伯杀之，督战部曲将拔刃在后，察违令不进者斩之。一部受敌（遭敌人攻击），余部有不进救者，斩之。"同书卷三三四载《魏武军令·船战令》："雷鼓一通，吏士皆严；再通，士伍皆就船，……鼓三通，大小战船以次发，左不得至右，右不得至左，前后不得易处，违令者，斩。"可见曹操的治军，动不动就是"杀"，他就是用"杀"来强迫他的士兵作战的。

曹操对逃亡士兵的处刑，尤其重。"旧法，军征士亡，考竟其妻子。"[1] 就是说：军法原来规定，军队出征的时候，士兵逃

---

[1] 《三国志·魏志·高柔传》。

亡，就把逃亡士兵的妻和子女杀死。曹操还嫌这条军法太轻，又想把逃亡士兵的父母兄弟一起杀掉，后来固然因为对统治政权不利而停止，但是"士亡，考竟其妻子"这一条法，一直到魏末还是存在的。

曹操一方面固然用严酷的军法来强迫士兵受他调度，为他作战；可是另一方面，曹操也利用了严酷的军法，以禁止士兵对百姓的骚扰，如《魏志·武帝纪》注引《曹瞒传》称，操"尝出军，行经麦中，令士卒无败麦，犯者死"。所以从对人民方面来讲，用严酷的军法来约束军队有时比漫无纪律要来得好得多，这也是事实。

第五章
「天命在吾,吾为周文王矣」:曹操之死及其在历史上的评价

短歌行·其二（节选）

周西伯昌，怀此圣德。

三分天下，而有其二。

修奉贡献，臣节不坠。

崇侯谗之，是以拘系。

1. 曹操之死

曹操从建安元年（196）迎汉帝都许后，就自为司空。到了建安九年（204）取下河北，又自兼冀州牧。建安十三年（208），又自为丞相。建安十八年（213），并用汉中央名义，以冀州魏郡等十郡，封自己为魏公。建安二十一年（216），又进爵为魏王，并以子曹丕为魏世子，操女皆称公主，魏公、魏王的首都是邺城，在邺城并建立魏的社稷宗庙，魏国也有相国、御史大夫、尚书令、尚书、侍中、六卿等官，在形式上，已经完全和皇帝一样了；在名义上固然魏王比汉帝要矮一级，而实权方面汉帝只是曹操的一个傀儡工具，国家大权庆赏刑罚实际都掌握在曹操手里。

当建安十五年（210）的十二月，曹操曾发表了一道令，内容说自己在三十多岁时，曾想"归乡里，于谯东五十里筑精舍，欲秋夏读书，冬春射猎，求底下之地，欲以泥水自蔽，绝宾客往来之望"[1]，后来他参加西园新军，做了典军校尉，就想在镇压农民军的战争中"立功，欲望封侯作征西将军，然后题墓道言

---

[1]《三国志·魏志.武帝纪》注引《魏武故事》。

'汉故征西将军曹侯之墓'"[1]，现在"身为宰相，人臣之贵已极，意望已过矣。……设使国家无有孤（曹操自称），不知当几人称帝，几人称王。或者人见孤强盛，……恐私心相评，言有不逊之志，……《论语》云：'三分天下有其二，以服事殷，周之德可谓至德矣。'夫能以大事小也。……所以勤勤恳恳叙心腹者……，恐人不信之故。然欲孤便尔委捐所典兵众，以还执事，归就武平侯国（时操封武平侯），实不可也。何者？诚恐己离兵，为人所祸也。既为子孙计，又己败，则国家倾危，是以不得慕虚名而处实祸，此所不得为也"[2]。曹操在这道令里，说自己开始想过悠闲的生活，后来又想以征西将军封侯终其一生，最后身为宰相，握重兵，势成骑虎难下，不得不干到底，这恐怕是一种比较真实的自白。

到了他快死前几个月，孙权来信，劝他做皇帝，曹操很高兴，就把这封信给他的部下看，文官以士族大地主颍川陈群为首，将帅以操亲信夏侯惇为首，懂得曹操的意思，就趁此向曹操劝进，他们认为汉朝到今天，"唯有名号，尺土、一民，皆非汉有"[3]，而曹操"十分天下而有其九"[4]，所以劝曹操再不要推

---

[1]《三国志·魏志·武帝纪》注引《魏武故事》。
[2] 同上引书。
[3]《三国志·魏志·武帝纪》注引《魏略》。
[4] 同上引书。

146

辞而不做皇帝了。曹操的回答是："若天命在吾，吾为周文王矣。"[1] 意思是说，即使做皇帝的时机成熟，也何必自己去做，就让自己的后辈去做吧。

建安二十五年（220）的正月，曹操病死，年六十六。子曹丕继位为丞相、魏王。到了这一年的十月，曹丕代汉称帝，国号魏（220—264），追尊曹操为太祖武皇帝。

2. 曹操生平轶事

从曹操迎汉帝都许，把汉帝掌握在自己的手掌里，所谓"挟天子以令诸侯"，这种情况，一直持续了有二十四年之久。在这样长的时间内，曹操还不断和汉皇朝的残余势力进行了斗争。建安五年（200），车骑将军董承等联结刘备，谋杀曹操，操杀承等。董承女为献帝"贵人"（妃子），操欲把她也杀掉，时董贵人有身孕，汉献帝请求曹操不杀她，操不许。献帝因此怨操，伏后把这事情写信告诉她父亲伏完，"辞甚丑恶"[2]。到了建安十九年（214），时伏完已病死，伏后的信被曹操看到，操大怒，派人入

---

[1]《三国志·魏志·武帝纪》注引《魏氏春秋》。
[2]《三国志·魏志·武帝纪》。

宫逮捕伏后，当逮捕时，史称："后被发徒跣（不著履）行泣过，执帝手曰：不能复相活邪？帝曰：我亦不知命在何时也。"[1] 操杀伏后并其二子，伏氏宗族死者百余人。除了上面两次牵涉到宫廷的政变以外，在建安二十三年（218），少府耿纪、太医令吉本等乘曹操不在邺城之际，率家僮千余人向曹操邺城的大营进攻，结果也很快失败了。建安二十四年（219），魏相国西曹掾魏讽又欲集合徒众进袭邺城，事先被人告发被杀。曹操在这几次统治阶级内部火并中，都残酷地加以镇压和屠杀，参加政变的人，往往诛及"三族"，而魏讽一次大狱，牵染而死者有一千余家之多。张绣子张泉、刘廙弟刘伟、王粲二子，都在这一次大狱中被杀。曹操对汉帝控制是极严的，议郎赵彦就因和献帝接近而被曹操所杀，宿卫近侍，大都是曹操的亲党。到曹操死之前，曹操对他政治上的敌人，大多无情地予以消灭了。

据《世说新语·容止篇》注引《魏氏春秋》：曹操"姿貌短小，而神明英发"的话看来，大概曹操的个子不很高大，可是精神很充沛。《三国志·魏志·武帝纪》注引《曹瞒传》称操"为人佻易无威重，……被服轻绡，身自佩小鞶囊，以盛手巾细物，时或冠帢帽，以见宾客。每与人谈论，戏弄言诵，尽无所隐，及欢悦大笑，至以头没杯案中，肴膳皆沾污巾帻"。大概曹操平日

---

[1]《三国志·魏志·武帝纪》注引《曹瞒传》。

不大讲究仪容，动作比较随便的。

读书是他的嗜好，从陈留起兵一直到死，三十年中，他"手不舍书，书则讲武策，夜则思经传，登高必赋"[1]。他不但政治方面是建安一代的霸主，就是在文学方面，也有很深的造诣。

他的诗歌因为受到乐府的深刻影响，所以节奏非常响亮，史称操所"造新诗，被之管弦，皆成乐章"[2]。现在存留下曹操的作品虽只有二十多首，这二十多首诗歌中，绝大多数是乐府，最有名的如《短歌行》《苦寒行》《蒿里行》，而《步出夏门行》中的"老骥伏枥，志在千里，烈士暮年，壮心不已"[3]等名句，格调的质朴而有力，气概的豪迈而悲凉，也恰如其霸主的身份。

在当时，乐府能够做得好的，必然对音乐也有很深的造诣。东汉初年的桓谭、东汉末年的蔡邕，都是精通音乐的专家。而曹操"可与埒能"[4]，《曹瞒传》称他："好音乐；倡优在侧，常以日达夕。"大概是真实的。

曹操在《短歌行》里曾提到："越陌度阡，枉用相存，契阔谈䜩，心念旧恩。"说明他对故旧的恩义是非常重视的。事实也是如此，如曹操在年轻时，受到桥玄的特别赏器，因此非常感激

---

[1]《三国志·魏志·武帝纪》注引《魏书》。
[2] 同上引书。
[3]《世说新语·豪爽篇》。
[4]《三国志·魏志·武帝纪》注引张华《博物志》。

他，在后来祭桥玄的祭文中还讲到："吾以幼年，逮升堂室，特以顽鄙之姿，为大君子所纳，增荣益观，皆由奖助，……士死知己，怀此无忘。"[1] 桥玄在生前曾和曹操开玩笑，说自己死后，曹操将来过他墓下，如果不用"斗酒只鸡"来祭他，"车过三步，腹痛勿怪"[2]。曹操官渡大捷以后，想起桥玄对他的恩情，特派专使到他墓上用太牢之礼去祭他。汝南王儁，东汉末名士，与曹操为布衣之交，曾对曹操说过："济天下者，舍卿复谁。"[3] 儁其后避地荆州，病死武陵（郡治临沅，今湖南常德西）。曹操破荆州后，在江陵自临江迎儁丧葬之。曹操和东汉末大学者蔡邕"有管、鲍之好"[4]，蔡邕被王允所杀，邕无子，邕女蔡琰在董卓之乱为胡羌掳去，沦落南匈奴，曹操定河北后，访求蔡琰，用金璧把她赎归，嫁于陈留董祀，并供给蔡琰纸笔，鼓励她把她父亲的遗作四百余篇整理出来。

  曹操的草书也写得很好，当时草书有名的有崔瑗、崔实父子，张芝、张昶兄弟，而芝称草圣。曹操在这一方面的成就，和他们可以相比。他对围棋，也是能手。

---

[1]《三国志·魏志·武帝纪》注引《褒赏令》。
[2] 同上引书。
[3]《三国志·魏志·武帝纪》注引皇甫谧《逸士传》。
[4]《太平御览》八〇六引魏文帝《蔡伯喈七赋》。

曹操从小喜欢狩猎，"好飞鹰走狗"[1]。"手射飞鸟，躬禽猛兽"[2]，据说他在南皮县射雉鸡，一天之内，就获得六十三只之多。

曹操提倡节俭，帐子门帷坏了，就补补钉，坐垫的茵褥（这时人席地而坐，还不用椅子），只求它温暖，从不镶边和绣花。他的姬妾都不准着锦绣，第四个儿子曹植的妻子因为着了绣衣，被他知道，命令把她退回娘家，以致她自杀。固然，这一桩事还包含有曹操家庭内部勾心斗角的斗争在内，但是着锦绣衣服而可以发展到自杀的地步，可见曹操的不准人着锦绣，是真实的事情。

由于曹操提倡俭约，一时也造成了一种风气，如有官吏着了新衣，坐了好车，舆论就会说他不廉洁；官吏如果经常穿着敝旧的衣裳，舆论就会说他廉洁。这固然多是一种形式的看法，但是承东汉之后，曹操这样提倡，一反过去奢侈淫逸的积习，还是有他积极的作用的。

陈寿撰述曹操本纪时，称其："矫情任算，不念旧恶。"这是指曹操子侄为张绣所杀，后来张绣投降曹操，曹操"执其手，与

---

[1]《三国志·魏志·武帝纪》注引《曹瞒传》。
[2]《三国志·魏志·武帝纪》注引《魏书》。

欢宴，为子均娶绣女"[1]，并增绣侯，封食邑至二千户一事而言的。其实曹操对张绣的一种优待，主要由于张绣的向背，决定了曹操和袁绍斗争的成败，倘使张绣这时不降曹操而和袁绍联合起来开辟第二战场的话，那么就会使官渡之战的最后结果发生重大变化。因此曹操不得不释怨招徕张绣，来逐渐脱出自己军事上的劣势和被动地位，事实上并没有真正"不念旧恶"。到了袁氏被消灭，河北为曹操取得，曹操的儿子曹丕就用言语逼使张绣自杀，张绣的儿子张泉，在建安二十四年（219）的一次以魏讽为首的政变中被牵连杀死，可见曹操并没有真正放过张绣及其后裔，不过等待一个适当的时间来下手罢了。所以《曹瞒传》称"故人旧怨"，大多被操报复杀死，如袁忠曾任沛相，是曹操故乡的地方长官，他大概打击过曹操，后来曹操得志，他已逃难在交州，曹操派人用政治压力叫交阯太守把袁忠全家杀死。还有曹操的同乡沛国人桓邵也和曹操有私仇，曹操得志，他向曹操自首请罪，跪在曹操庭前，曹操对他说："跪可解死邪？"结果还是把他杀了。

尤其是曹操杀名医华佗这回事。华佗懂得人体解剖，他发明了麻醉剂——麻沸汤，病人在施行手术前，吃了麻沸汤，"便如

---

[1]《三国志·魏志·张绣传》。

醉死,无所知",华佗在病人麻醉状态中施行破腹的大手术,"断肠湔洗,缝膏腹摩,四五日差不痛,……一月之间,即平复"[1]。华佗不仅是外科的国手,也是内科的方家。曹操曾把华佗召来,做他的侍从医官。后来华佗不愿意为曹操服务,归家不肯出来,曹操大怒,就把他杀死了。华佗一死,其著述也被人毁了。这对于中国的医学研究是无法估计的一种损失。

曹操对他的姬妾伎乐,更是残酷,他有一次要午睡,在午睡前叫他的一个宠妾到时候叫醒他,到了时间,那一个宠妾看到曹操睡得很甜,不去催他醒来,等他自己醒来,就把这一宠妾用棒打死了。又有一个奏乐的女伎,嗓子非常好,可是不十分肯奉承曹操,曹操想把她杀掉,又恐怕再找不出这样嗓子好的人,就挑选一百个人来教她们声乐,不久,这一百个人中果然有一个嗓子和曹操想杀掉的那个女伎声音差不多,曹操就用她来填补那个女伎的缺,而把不肯奉承他的那个女伎杀掉了。可见曹操和一般统治者一样,具有残酷的性格。

曹操的病,是在建安二十四年(219)五月,从汉中回到长安时得的[2],到了同年十月,他因急于指挥襄樊战局,赶回洛

---

[1] 《三国志·魏志·华佗传》。
[2] 陆机《吊魏武帝》文:"愤西夏以鞠旅,溯秦川而举旗,逾镐京而不豫,临渭滨而有疑,冀翌日之云瘳,弥四旬而成灾,咏归途以反旆,登崤渑而揭来,次洛汭而大渐,指六军曰念哉。"

阳，一度到达摩陂前线，建安二十五年（220）正月又回到洛阳，就病死了。死的时候，留下遗令："吾夜半觉小不佳，至明日，饮粥汗出，服当归汤。"[1] 大概就这样病重死了。

死的时候，他还留下遗令说："吾婢皆勤苦，使著铜雀台，善待之。"[2] 又说："吾婕好伎人，皆著铜雀台，于台堂上，施八尺床、穗帐，朝晡上脯（干肉）糒（干饭）之属，月朝十五，辄向帐作伎。汝等时时登铜雀台，望吾西陵墓田。"又说："余香可分与诸夫人，诸舍中（指众妾）无所为，学作履组卖也。"[3] 铜雀台在邺城中，是曹操在建安十五年冬天建筑的，西陵是曹操的寿坟，即后来的高陵。从这遗令的内容看来，曹操还把他身后的事情吩咐得很仔细。不过事实上他死了不多几天，他平日所爱幸的宫人，多被他的儿子曹丕取去了[4]。无怪在曹操死后的八十年，陆机作文吊曹操，要讽刺曹操，说曹操"威力不能全其爱"了。

---

[1]《太平御览》卷八五九引。
[2]《太平御览》卷五〇〇引《魏武遗令》。
[3]《文选》卷六〇陆机《吊魏武帝》文引。
[4]《世说新语·贤媛篇》："魏武帝崩，文帝（曹丕谥）悉取武帝宫人自侍。及帝病困，下后（丕母）出看疾。太后入户，见直侍并是昔日所爱幸者。太后问：'何时来邪？'云：'正伏魄时过。'"

3. 对曹操的历史评价

曹操这一历史人物，在宋以前，对他非议的还不多，甚至如唐太宗还作文祭他，唐玄宗自称阿瞒（曹操的小名），杜甫的《丹青引》中有"将军魏武之子孙，于今为庶为清门，英雄割据虽已矣，文采风流今尚存"之句，可见对曹操也还没有微词。到了宋以后，中国社会内部封建主义更向高级发展，专制君主政体的形式更是加强，科举制的盛行，无形中又加强了思想的统一，正统思想深入每一个"士子"的心里，而曹操正是弑后盗国、要想夺位做皇帝的野心家，正统思想的攻击自然集中于曹操等人物的身上。《东坡志林》里有这么一则故事："涂巷中小儿薄劣，其家厌苦，辄与钱，令聚坐听说古话。至说三国事，闻刘玄德败，颦蹙有出涕者；闻曹操败，即喜唱快。以是知君子小人之泽百世不斩。"平话虽然从民间发展起来，但它的内容，在很大程度上，不得不受当时统治阶级封建正统思想的影响。因此，从苏轼记载的这一则故事中，可以见到曹操这一历史人物，从北宋时代起便渐渐成为封建正统观念所攻击的靶子了。尤其到了南宋以后，民族矛盾上升到主要地位，正朔观念又包含了"严夷夏之防"的一种意义，陆游诗"邦命中兴汉，天心大讨曹"，这里所指的兴汉，是指汉部族国家，而讨曹已是指讨伐金人而言，另给它一种新的涵义了。到了《三国演义》(《三国演义》的作者，身当元朝黑暗统治之下，因此他的著作也不可能不受到寓意的影响）流行以后，这一看法更为普遍，社会上对曹操这一人物也更加歪曲，不但在舞台上演出时，把他描成一个大花脸，而且在人们的心目中，曹操也成为集奸诈大成于一身的人物，言之就会令人切齿痛恨。

这样一个长时期被封建正统思想所歪曲的历史人物，我们怎样来评价他呢？

首先，对于正统的看法，我们衡量这一件事情的尺度，不是根据当时士夫所提倡的封建秩序道德——忠君观念，而是依据当时人心的向背。后世所谓"人心思汉"，事实上指的是汉部族国家的整体而言，而不是指"叹息痛恨于桓灵"的汉皇朝。从东汉皇朝总危机的爆发，当时人民已切齿痛恨这个汉皇朝，所以只要曹操的政治措施能比东汉腐朽皇朝的政治措施有所改善，对当时社会经济起过很大的推动作用的话，我们决不会再局限在正统思想的桎梏之内来衡量曹操这一人物。固然，曹操对待汉皇朝的残余势力的手段是非常残忍酷虐的，但是既然是代表腐朽的东西，曹操为什么不可以采用残酷的办法把它彻底摧毁呢？所以我们不能用这来衡定曹操在历史上的作用。

其次,曹操诚然是一个大军事家、出色的指挥员,本书中对曹操指挥的主要几个战役,还做了详尽的叙述。从曹操起兵陈留,攻董卓败于荥阳汴水,攻陶谦残破徐州,一无所获,和吕布争夺兖州,曹操几乎一蹶不振,可以说曹操时常打败仗,开始在军事上还是一个乱撞乱碰的鲁莽家,决不是像正史上所讲的,曹操生来就有军事的天才,"其行军用师,大较依孙、吴之法,而因事设奇,谲敌制胜,变化如神,……故每战必克"[1]。但是后来曹操能总结战争失败的教训,并能虚心倾听和采纳臣下的正确判断,因而在对全局起决定作用的战役,如官渡之战、柳城之战、渭南之战,打了一系列的胜仗;其他多次战役,如赤壁乌林之败,汉中之失,襄樊、合肥之围,固然失败或不成功,也不致使他统一北方的局势前功尽弃。

许多重要的战役,都是由曹操亲自指挥的。作为指挥大军的曹操,在历次战役中,也锻炼了自己的指挥才能,由起初指挥三五千人,到后来发展到能够指挥四五十万大军了。

关于曹操兴建屯田,尽管在主观上是要解决他的军食问题,同时,"屯田客"和"佃兵"的军事束缚性比较强,他们的身份降落到国家佃农的地位,但是屯田的实施,客观上是符合了当时

---

[1]《三国志·魏志·武帝纪》注引《魏书》。

社会的要求与历史发展的趋向的。我们在第一章中曾经提到过，两汉帝国的主要危机，是大土地占有者土地的集中，与农民失去土地变成流民。到东汉末年，农民从农村中被抛掷出来的问题，成为当时唯一的最严重的问题。王符在《潜夫论》中曾说到过："今……务本者少，浮食者众。……察洛阳，资末业者，什于农夫，虚伪游手，什于末业。则是一夫耕，百人食之；一妇桑，百人衣之。以一举百，孰能供之。天下百郡千县，市邑万数，数皆如此。"这种自由民脱离劳动，流民上千万在社会上流荡，"使古代世界非灭亡不可"的现象，只有由曹操把两汉边疆屯田的制度推动到中原腹地以后，才把这种危机初步解除，才使社会生产重新有了生机。因此，单只就这一件事上讲，曹操对社会的推进，就起了促进作用。曹操的业绩，可以说是非常巨大的。

关于曹操抑制豪强和提拔后门寒士这一问题，我们不成熟的看法是这样的：曹操擅政的建安时代，当时的东汉皇朝，其政权性质，仍然是秦、汉以来专制主义中央集权国家形式的一种延续。但是，在这一时期中，世家大族的势力，更加抬头了。这样，在当时这种情势下，曹操一方面不得不对握有地方政治权与经济权的世家大族、强宗豪门，极尽拉拢的能事；而另一方面，他还想提拔出身较低寒族人士参加政权，史称"拔出细微，登为牧守者，不可胜数"[1]，以加强中央政权。在他三次求贤令里称：

  自古受命及中兴之君，曷尝不得贤人君子与之共治天下者乎？及其得贤也，曾不出闾巷，岂幸相遇哉？上之人不求之耳。今天下尚未定，此特求贤之急时也。孟公绰为赵、魏老则优，不可以为滕、薛大夫。若必廉士而后可用，则齐桓其何以霸世！今天下得无有被褐怀玉而钓于渭滨者乎？又得无盗嫂受金而未遇无知者乎？二三子其佐我明扬仄陋，唯才是举，吾得而用之。[2]

  夫有行之士未必能进取，进取之士未必能有行也。陈平岂笃行，苏秦岂守信邪？而陈平定汉业，苏秦济弱燕。由此言之，士有偏短，庸可废乎？有司明思此义，则士无遗滞，官无废业矣。[3]

  昔伊挚、傅说出于贱人，管仲，桓公贼也，皆用之以兴。萧何、曹参，县吏也，韩信、陈平负污辱之名，有见笑之耻，卒能成就王业，声著千载。吴起贪将，杀妻自信，散

---

[1]《三国志·魏志·武帝纪》注引《魏书》。
[2]《三国志·魏志·武帝纪》载《建安十五年春令》。
[3]《三国志·魏志·武帝纪》载《建安十九年十二月乙未令》。

金求官，母死不归，然在魏，秦人不敢东向，在楚则三晋不敢南谋。今天下得无有至德之人放在民间，及果勇不顾，临敌力战；若文俗之吏，高才异质，或堪为将守，负污辱之名，见笑之行；或不仁不孝，而有治国用兵之术。其各举所知，勿有所遗。[1]

这三道令文的内容，不仅可以说对东汉以来一涉清议便终身废弃的风气，是一种冲击，同时也说明了曹操还想步汉武帝的后尘，发诏求跅弛之才，以图强化中央集权。

提拔寒门，特重豪强兼并之法，巩固自耕小农阶层经济这些措施，曹操的主观意图，固然是想加强中央集权，但客观方面，却促使土地集中这一恶性发展趋势暂时缓和了一下，这对于当时的自耕小农来说，不能不说是一个喘息的机会，这是符合广大自耕农民的利益的。但是，曹操所处的时代，正是封建制度加强、封建隶属关系亦日益加强、世家豪族经济政治势力日益加强的一个时代。到了曹操的儿子曹丕继承曹操的事业而想登上皇帝宝座的时候，为了想取得世家大族的支持，甚至还实施九品官人之法。从此州郡大小中正皆由当地著姓士族担任，九品高下的定评，也操纵于士族的手中，魏晋南北朝的门阀制度于此形成。所

---

[1]《三国志·魏志·武帝纪》注引《魏书》载《建安二十二年秋八月令》。

以从整个东汉、三国、两晋、南北朝的历史趋向来看，世家豪族的势力在曹操的秉政时期，正是在发展阶段，从而曹操在这样一个特定阶段里，在特重豪强兼并之法、提拔寒门这些措施的成就程度上，也就不得不受到一定的局限了。

纵然如此，曹操还是当时一个杰出的政治家，同时他又不愧是中国军事史上第一流的军事家和文学史上第一流的文学家。

第五章 『天命在吾，吾为周文王矣』：曹操之死及其在历史上的评价

曹操大事年表

汉帝年号	公元	操年龄	重要事迹
汉桓帝永寿元年	155 年		曹操出生。
汉灵帝建宁元年	168 年	十四岁	宦官专政开始。
熹平三年	174 年	二十岁	是年举孝廉为郎，除洛阳北部尉。
熹平四年	175 年	二十一岁	是年，操迁顿丘令。
光和元年	178 年	二十四岁	操坐从妹夫宋奇事、免官。
光和三年	180 年	二十六岁	是年，操以能明古学征为议郎。
中平元年	184 年	三十岁	是年，黄巾起义，操以骑都尉随朱俊镇压黄巾军。"有功"，迁济南相，征为东郡太守，不就职，乞留宿卫，乃拜议郎。常托疾归乡里。
中平四年	187 年	三十三岁	是年操父曹嵩任太尉，操任议郎。
中平五年	188 年	三十四岁	操出任西园新军典军校尉。
中平六年	189 年	三十五岁	宦官集团消灭，董卓入京，操出奔陈留。冬，操起兵陈留。
汉献帝初平元年	190 年	三十六岁	操起兵陈留。
初平二年	191 年	三十七岁	袁绍表操为东郡太守。

续 表

曹操大事年表

汉帝年号	公元	操年龄	重要事迹
初平三年	192 年	三十八岁	出任兖州牧。
兴平二年	195 年	四十一岁	是年,逐吕布,巩固了兖州统治领导权。十月,汉天子正式任命操为兖州牧。
建安元年	196 年	四十二岁	迎汉帝都许,操为司空。是年兴建屯田。
建安三年	198 年	四十四岁	取徐州。
建安五年	200 年	四十六岁	官渡之战。
建安九年	204 年	五十岁	取得河北,操为冀州牧。
建安十二年	207 年	五十三岁	灭三郡乌桓。
建安十三年	208 年	五十四岁	操为丞相。败于乌林赤壁。
建安十六年	211 年	五十七岁	进取关中。
建安十八年	213 年	五十九岁	操为魏公。
建安十九年	214 年	六十岁	杀汉伏皇后。
建安二十年	215 年	六十一岁	进兵汉中。
建安二十一年	216 年	六十二岁	操进爵为魏王。南匈奴单于呼厨泉来朝,因留之,使右贤王监其国,分其国为五部。
建安二十四年	219 年	六十五岁	放弃汉中。解樊城之围。

续 表

曹操大事年表

汉帝年号	公元	操年龄	重要事迹
建安二十五年	220年	六十六岁	正月二十三日操病死。
延康元年	220年		春,尚书陈群奏立九品官人之法。十月,操子曹丕代汉称帝,国号魏,改元黄初。

后 记

费了两个多月时间，为成这篇文稿，由于本人理论水平和写作技术差，因此，在历史上描绘如生龙活虎一般的人物——曹操，在我的笔下，却变成没有生命的人物了，这是我首先应该向读者道歉的。

评定历史人物，本来就不容易，而我国古史分期问题，也还没有取得一致的看法，这样，要评定社会发展特定阶段的历史人物——曹操，自然更有困难了。由于我本人把两汉划入奴隶制社会，因此写此稿时，把两汉流民问题、魏晋之际的世家豪族庄园经济发展问题，就不免有所强调其时代意义，从而对曹操屯田的评价，以及引用"后门寒士"，和对他所进行的统一战争等诸问题的看法，就不免和一般说法有所抵牾。好在党和政府正在号召"百家争鸣"之际，我不揣冒昧，把它直叙出来，以求赐教。我想"争鸣"以后，对古史分期问题会取得更合乎历史实际的看

法，那时评价曹操，可望深刻些，到那时我当修改这份《曹操》文稿！

在写本文的过程中，对曹操统一北中国的几个重要战役，本来不准备写得分量过重，但是战争占了曹操一生政治活动中极大比重，一写就不免写得冗长了，以此书明，望读者指正。

编写者一九五六年一月十五日写成

一九五六年九月十四日定稿

续后记

一九五六年写出这本小册子后，熟悉的朋友看到了，来信提出了许多宝贵的意见，从这些意见总的倾向来讲，不是认为这本小册子对曹操的评价提得高了，而是认为我对他的评价还远不够。尤其对于我对曹操统一战争的看法，很多同志提出了不同的看法，这对我的帮助是非常大的。

最近，郭老、翦老所倡导的曹操讨论，我虽因病不能参加，但是对这一讨论是关切的。尤其看了很多同志的论文，对我的启发也很大。

最近出版社打算再版此书，函嘱加以修订。我在病中也修订了一些。不过感到，曹操的评价问题经过百家争鸣之后，大家的看法，不仅有着显著的提高，同时也渐趋接近了。由于我没有参加讨论，因此这本小册子纵然也修改了一些地方，自己再拿起来看看，还是落在大家后面老远。这是无法弥补的一件事。

替曹操翻案，是有必要的，因为这是使历史真面目还原。但是我们也不能因为拥护这一新说法，而把曹操那种残酷的性格完全抹掉，如果把曹操从属的那个生活烙痕抹掉，那也不是实事求是的态度。因此，本书描述曹操封建专制残酷性格的一些部分，再版时仍旧把它保存了下来，是不是对，还请同志们批评。

王仲荦
一九六〇年